U0512540

YOUPIANJISHU JINBUXIA DE
YAOSU TIDAI YU ZHONGGUO WULIU CHANYE
FAZHAN YANJIU

有偏技术进步下的
要素替代与中国物流产业
发展研究

王云霞 ◎ 著

中国财经出版传媒集团

经济科学出版社
Economic Science Press

图书在版编目（CIP）数据

有偏技术进步下的要素替代与中国物流产业发展研究 /
王云霞著 . —北京：经济科学出版社，2021. 10
　ISBN 978 - 7 - 5218 - 2915 - 0

　Ⅰ . ①有…　Ⅱ . ①王…　Ⅲ . ①物流 - 产业发展 -
研究 - 中国　Ⅳ . ①F259. 22

中国版本图书馆 CIP 数据核字（2021）第 200871 号

责任编辑：胡成洁
责任校对：刘　娅
责任印制：范　艳

有偏技术进步下的要素替代与中国物流产业发展研究
王云霞　著
经济科学出版社出版、发行　新华书店经销
社址：北京市海淀区阜成路甲 28 号　邮编：100142
经管中心电话：010 - 88191335　发行部电话：010 - 88191522
网址：www. esp. com. cn
电子邮件：espcxy@ 126. com
天猫网店：经济科学出版社旗舰店
网址：http：//jjkxcbs. tmall. com
北京季蜂印刷有限公司印装
710 × 1000　16 开　11. 25 印张　160000 字
2021 年 12 月第 1 版　2021 年 12 月第 1 次印刷
ISBN 978 - 7 - 5218 - 2915 - 0　定价：56. 00 元
（图书出现印装问题，本社负责调换 . 电话：010 - 88191510）
（版权所有　侵权必究　打击盗版　举报热线：010 - 88191661
QQ：2242791300　营销中心电话：010 - 88191537
电子邮箱：dbts@ esp. com. cn）

前　言

随着中国经济的快速增长，社会发展对物流需求的依赖程度增强，社会物流总额呈稳步上升的趋势。社会发展需要强大的物流产业支撑，受经济形势的影响，物流产业增长率近年来呈下降趋势，受生产要素投入的制约，中国物流产业存在劳动力成本上涨、资本投入拥挤、资源浪费等问题，这些因素无疑造成了中国物流业增速的放缓。此外，经济的增长、能源的消耗也带来了巨大的环境问题，英国经济学家尼古拉斯·斯特恩在有关经济发展与全球气候的《斯特恩报告》中指出，不断加剧的温室效应将严重影响全球经济发展，其严重程度不亚于世界大战和经济大萧条。为应对全球温室效应问题，中国在 2020 年提出了将在 2035 年达到碳达峰、2060 年实现碳中和的目标，这对全球气候治理起到了关键性的推动作用。此外，《斯特恩报告》指出，物流行业碳排放量占世界总体碳排放量的 14%，是碳排放的主要来源行业之一。中国物流业燃油消耗占全国燃油总消耗的 34%，碳排放占我国碳排放量的比重为 19%，能源成本占到物流企业成本的 40%~80%。因此，作为一个高消耗、高排放的行业，物流行业在节能减排的道路上任重而道远。从高效发展来看，近年来，随着生产要素价格的上升，传统的要素粗放式积累对产业增长的贡献逐渐下降，物流产业增长模式需要由依靠单一要素投入向要素合理配置转变，在优化要素配置和改善效率的基础上实现产业地位的提升。此外，随着国民经济增长方式的转变和物流需求结构的变化，消费物流和电商物流等买方物流市场逐渐扩大，物流产业的增长效率和增长质量亟待提升。如何通过技术进步来实现物流企业的高效率运行，如何通过生产要素的替代来降低物流成本进而实现绿色物流，这些问题成为摆在我们面前的重要课题。

要素替代弹性是衡量市场对资源配置效率的重要参数，它研究在技术进步水平可达的条件下，如何通过要素替代来实现产品成本的降低、产品质量的上升以及产业结构的升级。因此，以要素替代描述要素的流动效率以及各要素间的替代关系，是对市场效率的折射。在要素替代弹性被提出后的大约八十年时间里，其被广泛应用到技术进步偏向、经济增长以及要素收入份额等领域。在考虑技术进步偏向的情况下，从要素替代弹性的角度对物流产业进行研究，原因主要有三点：一是在物流产业要素投入进入高成本时代的情况下，考虑不同要素的组合和相互替代可以缓解要素价格上涨所带来的成本压力，而对物流产业要素替代弹性的研究长期以来被忽视。二是技术进步不是中性的，生产要素的稀缺性是技术进步的动力，技术进步的方向往往会偏向于使用某种生产要素，使用某一种生产要素而不使用另一种生产要素就会形成生产要素的替代。然而，当前有关物流产业的相关研究并没有关注技术进步的偏向性。

三是分析中国物流产业要素替代弹性的发展趋势及区域差异，在区域物流产业协同发展、绿色发展的背景下，厘清要素替代弹性对物流产业增长的影响机制，是制定区域产业政策实现物流产业均衡发展的重要依据。因此，有必要对物流产业的资本－劳动替代弹性进行测算，验证要素替代弹性与物流产业增长之间的关系。

　　鉴于上述背景，本书尝试在技术进步有偏的前提下，研究中国物流产业要素替代对物流产业发展的影响，内容体现在以下五个方面：第一，中国物流产业技术进步偏向如何，即物流技术进步是偏向于资本还是偏向于劳动力；第二，中国物流产业要素替代弹性如何，资本和劳动力的替代关系是互补型的还是替代型的，这种替代关系是否存在时变性，影响中国物流产业要素间替代的原因是要素间的直接替代还是技术创新诱致的替代；第三，在存在技术进步偏向的情况下，受地区资源禀赋差异的影响，在考虑绿色能源效率的前提下，当技术进步偏向与地区资源禀赋相协调时，能否有效促进地区物流产业绿色全要素生产率的提升；第四，要素替代与物流产业增长之间存在怎样的逻辑关系，从中国整体经济和分区域角度出发，要素替代弹性与物流产业增长之间是否符合德拉格兰德维尔假说；第五，在区域产业协同发展的背景下，要素替代弹性对物流产业增长收敛性的影响，即要素替代弹性的提升是否有助于缩小区域间物流产业的发展差距。对这些问题的回答需要较为系统的理论和实证分析。在理论分析过程中，本书首要解决的问题就是要界定物流产业的研究范围，并在此基础上梳理要素替代弹性的测量方法及其优缺点；探讨影响物流产业要素替代弹性的影响因素；明确要素替代弹性与产业增长的内在影响机理；从要素禀赋理论、产业生产率以及技术进步偏向角度对要素替代弹性与经济增长之间的关系进行理论拓展；然后，以要素替代弹性的"效率效应"和"分配效应"出发，深入分析要素替代弹性对物流产业增长的作用机制。实证分析过程中，在广泛收集物流产业相关数据的基础之上，本书基于 1978～2015 年我国 29 个省份（西藏除外，四川与重庆合并计算）物流产业的相关数据，分别估算了国内整体和东、中、西部地区物流产业的要素替代弹性，并将物流产业的要素替代弹性分解为直接替代效应和诱致性技术创新效应。采用 Malmquist-TFP 指数分解法，对 1995～2015 年中国物流业绿色全要素生产率及投入偏向型技术进步指数进行了测算，并对不同类型要素禀赋地区的要素投入偏向进行了比较。此外，为了验证技术进步偏向、要素替代弹性与产业发展之间的关系，采用固定效应模型（FE）、随机效应模型（RE）、两阶段最小二乘估计（2SLS）以及滞后一期的两阶段最小二乘估计等方法对物流产业要素替代弹性和产业增长的相关性进行了实证分析和稳定性检验。依据萨拉－伊－马丁（Sara-i-Martin，1996）的收敛方程构建了 β 收敛模型，验证了要素替代弹性对物流产业增长收敛性的影响。

本书的研究将要素替代弹性、技术进步偏向引入物流产业的相关过程中，放宽了以往对物流产业技术进步中性假设的前提条件，将有偏技术进步纳入对物流产业要素替代弹性的研究，这为未来研究物流技术进步提供了新的思路。此外，将要素替代弹性引入物流产业的相关研究是对要素替代弹性现有研究产业领域的进一步拓展，从物流产业的角度提供了要素替代弹性有利于产业增长的证据，并将要素替代弹性引入区域物流产业增长收敛性的分析，这是对现有有关要素替代弹性研究的有益补充和尝试。

　　由于作者水平有限，书中的缺点和错误在所难免，恳请广大读者批评指正。

作者

2021 年 8 月

目　　录

第 *1* 章

物流业发展现状及问题的提出

物流是影响经济增长的一个重要因素。新经济地理学认为物流业促进区域产业发展的作用机制在于能够加速人流、物流等生产要素的空间流动。自改革开放以来，中国经济快速发展，国内生产总值（GDP）的平均增长速度高达 9.5%[①]，对社会物流需求的依赖程度增强。在 2006 年发布的《国民经济和社会发展纲要》中，物流产业被列入重点发展产业，各地也纷纷出台物流产业发展规划，加大对物流产业的投资力度。随着国家"一带一路"倡议的提出以及《物流业发展中长期规划（2014 - 2020）》的实施，中国物流产业发展迅速。《中国统计年鉴》以及《中国物流产业年鉴》相关数据显示，2007~2016 年中国物流产业产值的增长率均值为 9.58%，社会物流需求系数平均高达 3.34，并呈逐年增长的趋势，即使在当前经济增速回落的情况下，2015 年和 2016 年我国社会物流需求总额分别为 219.2 亿元和 229.7 亿元，同比也分别增长 5.8% 和 6.1%。总体来看，社会物流总额呈现稳中有升的态势。

在经济发展的新常态下，关注物流产业发展"量"的同时，更需关注"质"的提升。从社会物流总费用来看，2015 年和 2016 年社会物流总费用占 GDP 的比重分别为 16% 和 14.9%，同期相比分别下降

---

① 根据 1978~2017 年中国 GDP 增长率求均值后得出。

0.6%和1.1%，但与发达国家（平均10%）相比，中国社会物流总费用占GDP的比重高于全球平均水平5个百分点，中国物流产业的运行质量和运行效率①仍有很大的提升空间。此外，社会物流总费用占GDP的比重虽然可以反映物流的运行状况，但仍无法度量生产要素的配置程度。蒲艳萍、成肖（2014）认为物流产业劳动力要素存在错配，由于政府对交通、运输等公共基础设施的资本投入份额较高，存在资本配置无效率和资本拥挤的现象。

与此同时，随着国民经济增长方式的转变，经济结构由工业主导向服务业主导不断变化，物流需求的结构随之发生变化，与民生相关的消费物流以及电商物流等需求持续增高。随着买方市场的形成，中国消费物流的实现在很大程度上取决于流通业的增长速度和质量，产业地位亟待提升（任保平，2011）。从图1-1看，虽然近年来物流产业产值随国民经济的发展而提高，然而物流产业产值占GDP的比重缓慢下降。

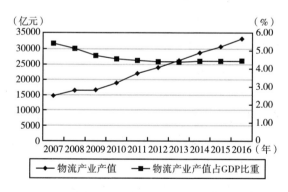

图1-1　2007~2016年我国物流产业增加值及占GDP比重

---

① 现行研究多用社会物流总费用占GDP的比值来反映物流产业的运行效率，该比率越高表明物流运行效率越低。由于物流产业受第一、第二产业的影响较大，随着中国产业结构的不断调整，服务业占比不断上升，社会物流总费用占GDP的比重有下降的趋势。根据《第三产业统计年鉴》，2007~2015年社会物流总费用占GDP的比重均值为17.64%，2016年社会物流总费用占GDP的比重为14.9%，同比下降1.1个百分点。

从图1-2可知，受国内经济增长的影响，物流产业增长率近年来逐渐下降，东部、中部、西部地区物流产业产值差距有逐年扩大的趋势。

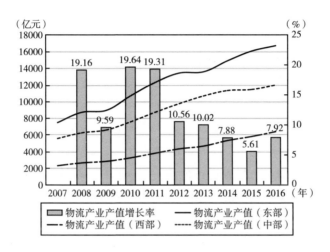

图1-2 2007~2016年我国物流产业增长率及分区域增加值

当前，物流产业面临转型升级的压力。从生产要素的供给来看，各类资源要素全面紧缺，物流业已进入高成本时代。2006~2015年重点企业物流业务成本年均增速为11.5%，用地难、仓库租金上涨、"用工荒"以及劳动力成本上升使物流企业进入盈利困难期。与此同时，物流业普遍存在着组织化程度低、资源浪费等现象，社会物流运行效率低下这些制约因素无疑加剧了中国物流业增速放缓的问题。因此，在要素粗放式积累对经济增长贡献下降的情况下，物流产业增长需要由单一要素投入向依靠要素合理配置转变，在要素配置优化和效率改善的基础上实现产业地位的提升。国务院在2014年出台了《物流业发展中长期规划（2014-2020）》，提出2020年要建立布局合理、技术先进、便捷高效、绿色环保、安全有效的现代物流服务体系。我国物流产业的发展将逐步从追求规模和速度发展的粗放式增长转变为注重效率和质量的集约式增长，实现要素驱动、投资驱动向优化资源配置、技术创新驱动的转变。

1.1 有关物流产业的界定

商贸流通理论是马克思主义政治经济学中交换理论的重要组成部分，在《资本论》第二卷中，马克思认为流通是交换过程中的重要环节。他从不同角度对流通业进行了描述，并认为流通是有目的地改变人和物空间位置的产业。他认为在产品的流通环节，有一些独立的产业部门，它们生产的产品不是新的物质产品，而是负责货客运输或者是将消息、书信、电报等进行传递。[①] 任保平（2011）将流通经济理论从马克思主义政治经济学和西方经济学两大理论体系进行研究，并认为前者重在理论研究而后者重在对应用范式的研究，并认为两种理论体系都没有将流通作为产业进行研究。从产业概念对物流业进行定义并没有一致的看法，从物流产业的功能来看，物流产业是联系生产者和消费者的中间环节，从广义的角度来看，物流产业涉及货物的运输、仓储、包装、加工配送、信息服务等环节。

目前，在世界各国的产业体系中，即使是北美产业分类体系（NAICS）都没有将物流作为独立的产业进行分类。2001 年 8 月 1 日实施的《中华人民共和国标准物流术语》中，对物流的定义是"从供应地到接受地的实体流动过程"，在该流动过程中，物流集合了运输、储存、搬运、装卸、配送以及信息服务等环节。根据《中国第三产业统计年鉴2007》对物流产业的核算方式，物流业作为第三产业中的细分产业，主要包括交通运输物流业、仓储物流业、贸易物流业、流通加工物流业、包装物流和邮政物流业。此外，根据国研网统计数据库中有关物流产业增加值构成的数据，交通运输、仓储和邮政业占物流

---

① 《资本论》第二卷，人民出版社 2004 年版，第 64 页。

业增加值的比重占整个物流产业的产值为 80% 以上,[①] 国内相关学者均采用交通运输、仓储和邮政业的相关数据来衡量物流产业的发展状况（王健、梁红艳，2013；田刚，2010）。因此，对物流产业的核算，采用交通运输、仓储和邮政的相关统计数据具有一定的代表性。

1.2 问题的提出

长期以来，学者对物流产业的研究多局限于从理论层面讨论流通对生产的制约作用，对物流产业自身产业增长质量的研究较少，将要素的可替代性应用到物流产业的研究还不多见。针对物流产业如何优化现有资源、提高产业效率和实现产业增长，学者们更倾向于强调单一要素的主导作用，然而，在当今技术与生产要素匹配发展的时代，尤其是在当前资本和劳动力要素丰裕程度逆转的背景下，忽视不同要素之间的替代效应及其动态匹配对经济增长的影响，并不利于抓住问题的关键。此外，在产业发展的不同阶段，任何生产要素的供给比例都存在充裕、短缺以及适当的状态，物流产业在成本居高不下的压力下，同样需要考虑不同要素的组合和相互替代性。受要素供给量和技术水平的约束，资本–劳动之间的替代并不是无限度的。一方面，要素替代弹性的提高受要素差异过大而导致技术上无法实现替代的"技术约束"效应；另一方面，在技术可实现的前提下，要素投入存在供给约束的"天花板"效应。

在物流技术进步水平不可能在短期内取得突破性进展的情况下，各地区物流产业的资本–劳动替代弹性如何及存在怎样的发展趋势？价格效应和诱致性技术创新效应对要素之间的替代有何影响？生产要

---

① 根据国研网统计数据库，在后文中对 1991~2011 年物流业增加值构成进行了分析，得出交通运输、仓储和邮政业占物流产业增加值的比重约为 84%。

素的可替代性对产业的增长效应是否支持德拉格兰德维尔假说？要素替代弹性对产业增长的收敛存在什么影响？关于这些问题的思考，本书内容将围绕以下几个方面展开。首先，基于宏观、微观经济学的相关理论，分析影响物流产业要素替代弹性的因素，厘清价格效应和诱致性技术创新效应对要素替代弹性的影响机制，并进一步对要素替代弹性与产业增长的机理进行分析。其次，通过收集改革开放以来物流产业的相关数据，对区域物流产业的资本－劳动替代弹性进行测算，分析中国物流产业要素替代弹性的发展趋势和区域差异，结合中国物流产业的发展现状，对要素替代弹性的区域差异进行分析。再次，技术进步是存在偏向性的，在区域要素禀赋不同的前提下，测算中国物流产业的技术进步偏向指数，考虑能源效率、碳排放等环境指数，分析中国物流产业的绿色全要素生产率，分析技术进步偏向、要素禀赋与物流业全要素生产率之间的关系，探讨如何从要素禀赋、降低技术错配等角度提高物流业绿色全要素生产率，提升物流产业运行效率。另外，直接替代效应和诱致性技术创新效应共同影响物流产业的要素替代弹性，直接替代效应从要素价格的角度反映要素替代弹性，诱致性技术创新效应从技术创新的角度反映要素的替代弹性。通过对物流产业的要素替代弹性进行分解，探究要素价格和技术创新对我国物流产业要素替代弹性的影响，是各级政府制定产业政策的理论依据。最后，德拉格兰德维尔假说认为，要素之间的可替代程度越大时，经济越能从中获益。从国内现有其他产业的研究结论来看，学者更偏向于支持德拉格兰德维尔的结论。然而，产业存在异质性，在技术约束和要素投入约束的情况下，要素之间的替代弹性并不是无限度的。因此，本书通过建立包含技术进步偏向的增长模型，在获得物流产业要素替代弹性的基础上，对要素替代弹性与物流产业增长之间的关系进行实证检验，并进一步分析要素替代弹性对物流产业增长的收敛性，探究是否可以通过要素替代弹性的提升来缩小区域间物流产业发展的差距。

1.3　主要研究内容

在经济发展的新常态下，生产要素并不是无限供给的且要素成本将不断上升，物流经济增长需要由依靠要素投入向要素合理配置转变。因此，对物流产业要素替代弹性的研究不仅有较强的理论价值和现实意义，同时能够对我国物流产业相关政策的制定提供借鉴。

从理论角度来讲，对增长的研究从来都是国内外学者关注的重点。很多学者对经济增长的研究多从地理区位、制度、工业产业布局、产业集聚、人口分布、贸易开放等外生变量入手，对资本和劳动力等生产要素的研究也多强调单一要素的作用。近年来，劳动力和资本粗放式积累对经济增长的贡献有限，国外学者开始关注要素替代弹性对经济增长的影响。从要素供给的角度看，经济增长的新动力在于提高要素质量和优化要素配置，实现由单一要素投入依靠要素合理配置的转变，实现由技术进步和效率改善带来的全要素生产率的提高。从微观机制看，要素替代弹性反映市场这只"看不见的手"对要素的配置作用，要素的流动效率以及要素间的替代关系是对市场效率的折射，并进而影响产业对技术进步偏向的选择。因此，要素替代弹性是衡量市场对资源配置效率的重要参数，如何通过要素的合理配置来促进区域产业升级和增长方式的转变是当前经济学界关注的热点。此外，根据索洛（Solow）新古典经济增长模型，不发达地区在经济发展到一定程度会加速赶超发达地区，区域经济会沿着均衡发展的路径收敛。资本－劳动替代弹性的收敛速度达到稳定状态时，要素替代弹性的大小会影响经济增长收敛速度的快慢（Ramanathan，1975）。因此，研究要素替代弹性对物流产业增长的收敛性，是对物流产业要素替代弹性研究的有益尝试。

从现实角度来讲，改革开放以来，中国经济的高速增长是由要素驱动的（刘刚，2011）。中国 GDP 的平均增长速度高达 10%，社会物流总额伴随着经济的发展而快速增长，即使在当前经济增速回落的情况下，社会物流总额①的增长速度依然保持在 8%，社会经济对物流需求的依赖程度依然很高。近年来中国社会物流需求系数平均值高达3.34，并呈逐年增长的趋势。国民经济的发展需要强大的物流支撑，物流产业自身的发展壮大通过扩大内需、提高消费水平、提高国民经济增长的质量来实现。新经济地理学认为物流业促进区域产业发展的作用机制在于能够加速人流、物流等生产要素的空间流动。物流业作为经济发展的桥梁，其效率的提升有助于人员、资本在区域间的流动，提高资源配置效率，最终促进经济增长。

然而，物流产业的增长已经不能依靠传统要素驱动的增长模式。从生产要素看，随着要素成本的上涨以及资源、环境的约束，各类资源要素全面紧缺，物流业已进入高成本时代。与此同时，物流业普遍存在着组织化程度低、资源浪费等现象。国家发改委发布的《2015年全国物流运行情况通报》显示，2015 年社会物流总费用为 10.8 万亿元，占 GDP 的比重达 16%，与国外发达国家的水平相比，中国仍存在很大的差距，物流产业面临转型升级以及产业地位提升等压力，这些制约因素无疑加剧了中国物流业增速放缓及区域产业差距扩大等问题。目前，针对如何优化现有资源、提高产业效率、实现产业提升，学者们更倾向于强调单一要素的主导作用（王健、梁红艳，2013；舒辉等，2014）。与此同时，物流技术也随着产业分工而加速发展，受要素禀赋的约束，技术进步必然存在一定的偏向性。然而，当前对物流产业的核算仍以中性技术进步假设为前提，这与现实不符。在当今技术与生产要素匹配发展的时代，尤其是在当前资本和劳

---

① 社会物流总额是指从供应地向接受地实体流动的物品的价值总额，包括农产品物流总额、工业物流总额、进出口货物物流总额、外省区市调入物流总额、再生资源物流总额以及单位与居民物品物流额。

动力要素丰裕程度逆转的情况下，忽视不同要素之间的替代效应及其动态匹配对经济增长的影响，将不利于抓住问题的关键。因此，在中国经济新常态下，物流产业发展面临着日益增长的物流需求和物流产业增长乏力的矛盾，在资源供给有限、劳动力成本上涨的情况下，物流产业增长的动力需要由依靠单一要素向要素合理配置转变。

本书以要素替代弹性及经济增长的相关理论为研究框架，在技术进步有偏研究基础之上，以要素替代弹性对物流产业增长的影响及收敛性为研究目的，以我国 29 个省份（西藏除外，四川与重庆合并计算）为研究对象，在借鉴现有研究成果的基础上，对中国物流产业的要素替代弹性进行测算，按直接效应和诱致性技术进步效应将物流产业的要素替代弹性进行分解，并进一步对要素替代弹性与物流产业增长的影响及收敛性进行实证研究。此外，在考虑能源消耗和碳排放的前提下，探讨有偏技术进步、区域要素禀赋与绿色全要素生产率。最后，结合物流产业的发展现状及存在的制约因素，提出有助于实现物流产业增长、缩小物流产业发展差异的措施。

本书的研究内容共分9章。

第1章，导论。主要介绍了物流产业的研究范围及定义，在明确研究对象的基础上提出了研究的思路、研究的理论基础和主要研究的内容和想要解决的问题。

第2章，理论基础及评述。主要从三个方面对相关文献进行了归类和整理，一是将经典文献中有关要素替代弹性的定义、测算方法以及影响要素替代弹性的因素进行了梳理；二是分析了要素替代弹性经济增长作用的微观机理，对要素替代弹性影响经济增长的效率效应和分配效应进行了阐述；三是将要素替代弹性影响经济增长的文献进行归纳，从理论演进以及实证研究两方面对要素替代弹性影响经济增长的脉络进行梳理，并简要分析要素替代弹性与经济增长收敛的研究状况；四是从要素替代弹性以及技术进步偏向两方面，对有关物流产业的现有文献进行评述。

第 3 章，系统地阐述了要素替代弹性与经济增长之间的作用机理。一是对要素替代弹性的直接效应和诱致性技术创新效应进行阐述；二是对要素替代弹性影响产业增长的效率效应和分配效应的内在机制进行分析，并从产业结构、要素禀赋两方面对要素替代弹性影响经济增长的相关理论进行拓展。

第 4 章到第 8 章是本书的实证研究部分，通过收集 1978 ~ 2015 年中国物流产业的相关数据，在技术进步有偏的假设前提下，对中国物流产业要素替代弹性进行了测算。在对物流产业资本存量进行测算的基础上，利用 VES 生产函数对中国物流产业整体和三大区域的要素替代弹性进行测算和分析，并将物流产业要素替代弹性与现行有关于工业、农业的要素替代弹性进行了对比。从直接效应和诱致性技术进步效应两方面对中国物流产业的要素替代弹性进行分解。对资本－劳动报酬比与资本－劳动投入比之间的关系进行了分析，基于 CES 生产函数，在获得物流产业要素替代弹性的同时，进一步利用误差修正模型将物流产业的要素替代弹性分解，进而得到直接替代效应和诱致性技术创新效应分别占要素替代弹性的比例。通过构建模型实证分析要素替代弹性对中国物流产业的增长效应，并对模型的稳健性进行检验，进一步讨论我国东部、中部、西部地区要素替代弹性与物流产业增长之间的关系，从物流产业角度验证德拉格兰德维尔假说，并检验了要素替代弹性对经济增长收敛性的影响。此外，本书实证部分在考虑能源要素投入与碳排放基础上，基于有偏技术进步假设，对我国区域要素禀赋与绿色全要素生产率进行探讨和分析。

第 9 章，结论及政策建议，根据有关要素替代弹性的理论分析和要素替代弹性对物流产业增长影响的研究结论，结合物流产业发展中存在的问题，探讨如何通过重视物流技术创新、完善物流要素市场和加强物流人才的培养来实现物流产业增长及产业地位的提升。

第 2 章

国内外相关学者的研究现状

本章将探讨要素替代弹性、有偏技术进步与经济增长的理论渊源，梳理国内外学者有关要素替代弹性的研究成果，将经典理论中有关要素替代弹性的定义、测度方法以及影响因素进行归纳总结，对要素替代弹性与技术进步偏向的相关理论进行评述，并讨论物流产业要素替代及技术进步偏向选择的关系。

2.1 要素替代弹性及其影响因素

最早有关要素替代弹性的论述，由希克斯（Hicks，1932）在其著作《工资理论》中提出。至今，在要素替代弹性被提出后的大约八十年时间里，要素替代弹性被广泛应用到技术进步偏向、经济增长、产业发展、要素收入份额、区域要素禀赋等领域。产业发展、经济增长水平反映了区域经济增长的动力和一国福利水平的变化，在当前国外经济增长乏力、单一要素投入对经济增长作用有限的前提下，对要素替代弹性的研究进入了众多学者的研究视野。从现有文献来看，学者多关注要素替代弹性的"值"，对影响要素替代弹性的"因"较少提及。本节在对要素替代弹性的估计文献进行回顾的基础上，进一步对影响要素替代弹性的因素进行归纳和讨论。

2.1.1 要素替代弹性的定义

在一定条件下，生产要素之间可以相互替代。希克斯（1932）在其著作《工资理论》中认为资本与劳力的替代弹性是两种要素投入比的变化率与其相对价格变化率的比值，并进一步将替代弹性用于分析要素收入比率的变化，即要素替代弹性值反映要素价格变化对要素配置的影响。

要素替代弹性是由边际技术替代率（MRTS）变化所引致的要素比例变动的百分比。假设当只有资本 K 和劳动力 L 两种生产要素时，他们之间的替代弹性 σ 可以表示为：

$$\sigma = -\frac{\mathrm{dln}(L/K)}{\mathrm{dln}(f_L/f_K)} = \frac{\mathrm{dln}(K/L)}{\mathrm{dln}(f_L/f_K)} = \frac{\mathrm{dln}(L/K)}{\mathrm{dln}(f_K/f_L)}$$

在经济区域内，要素替代弹性 σ 的值为 $[0, +\infty)$。要素替代弹性 σ 的值越大，表明要素间的替代弹性越强。假设资本和劳动力的价格可以用资本收益率和劳动者的工资来代替，替代弹性 σ 可以表示为 $\sigma = \frac{\mathrm{dln}(K/L)}{\mathrm{dln}(w/r)}$。如果两种要素的替代弹性大于 1，要素之间为替代关系；如果两种要素的替代弹性小于 1，则两种要素是互补关系；等于 1 时，两种生产要素可完全替代。当总量生产函数包含不同生产要素的生产关系时，要素替代弹性可用不同要素组合形成的等产量曲线的弯曲程度来刻画。从图 2-1 可以看出，从仅含有资本和劳动力两种生产要素的等产量曲线 Q_1、Q_2、Q_3 来看，当生产处于经济范围内时，曲线 Q_1 的要素替代弹性 σ 为 0，即资本和劳动力两种生产要素完全不能替代，两者之间为互补关系，曲线 Q_2 的要素替代弹性 σ 为 $[0, +\infty]$，曲线 Q_3 的要素替代弹性 σ 为无穷大，即资本和劳动力两种生产要素可完全替代。

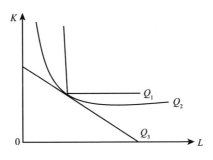

图 2 – 1　要素替代弹性与等产量曲线

2.1.2　要素替代弹性的测度方法

要素替代弹性作为经济增长的重要参数，其取值范围受生产函数的约束。接下来，将对在要素替代弹性测算过程中常用的生产函数做简单的梳理。柯布－道格拉斯生产函数（C-D 生产函数）由经济学家柯布和道格拉斯（Charles W. Cobb and Paul H. Douglas，1928）提出，其函数形式为 $Y = A(t) L^{\alpha} K^{\beta} \mu$，其中 $A(t)$ 为技术进步水平，α 和 β 分别表示劳动力和资本的产出弹性。新古典增长理论大都选用 C-D 生产函数和里昂惕夫（Leontief）生产函数和来描述不同要素的生产过程，但二者的前提约束条件是资本和劳动力的份额不变，即要素的替代弹性为 1。国内以往对要素弹性的研究多采用 C-D 生产函数，由于 C-D 生产函数抹杀了技术进步存在偏向性的可能性，以及 C-D 生产函数的要素替代弹性为 1 的特征，回避了要素替代弹性随要素相对价格的变化，也完全排除了要素替代弹性变化具有时变特征和产业差异等情况，这与现实经济不符并被以后的经济学家证伪。

CES 生产函数在当前经济研究中使用较为广泛且拓展形式较多，其最早用于阐述生产函数结构与经济长期均衡之间的关系（Solow R，1956）。C-D 生产函数和 Leontief 生产函数是 CES 生产函数在

$\rho \to 0$ 时的特殊情形，与 C-D 和 Leontief 生产函数相比，CES 生产函数具有一般性且与现实更贴近（Arrow，1961）。在索洛（Solow，1956）研究的基础上，学者们对 CES 生产函数进行了变形，但早期 CES 生产函数并没有考虑技术进步的偏向性。之后，很多学者等将 CES 生产函数进一步拓展（David and Klunder，1965；Barro and Sala-i-Martin，1995；Klump et al.，2007），并将技术进步的偏向性引入 CES 生产函数。

此外，也有学者将 Leontief 生产函数、VES（可变替代弹性）生产函数以及超越对数生产函数应用于要素替代弹性的研究。为满足研究的需求，有学者利用二阶泰勒展开式将 CES 生产函数进行对数线性化后得到超越对数生产函数，并将其应用到替代弹性的估算中（Kmenta，1967），与 CES 生产函数相比，超越对数生产函数具有可靠和易估的优点。有学者认为 CES 生产函数没有将资本和劳动的比率作为解释生产率变化的变量，无法反映要素替代弹性的变化，VES 生产函数则可以弥补这一缺陷（Kazi，1980）。为方便对比各生产函数的特点，将各类生产函数列示如表 2 - 1 所示。

基于不同的生产函数，当前研究要素替代弹性的主流方法通常有两种：一是间接推算法，二是直接估算法。直接估算法通常将各生产函数从非线性模型转化为易于处理的线性计量模型，主要有单方程估计法和多方程系统估计法两种。

1. 单方程估计法

单方程估计的思路通常采取最优一阶条件以及级数展开法，将生产函数转化为可以直接或间接获得要素替代弹性的单个方程。首先，一阶条件法采用生产者理性决策的最优条件，在生产者利润最大化或成本最小化时，将生产函数进行转化可以解决模型的估计问题。由于在各类型生产函数中，一般线性生产函数、里昂惕夫生产函数以及 C-D 生产函数是 CES 生产函数要素替代弹性为无穷大、0 或者 1 时候的特殊情况，因此，对要素弹性求解的方法的推演，本书考虑学者克兰普

表 2-1　各生产函数的特点及比较

名称	研究学者	函数形式	替代弹性
C-D 生产函数	柯布和道格拉斯（Cobb & Douglas, 1928）	$Y=A(t)L^{\alpha}K^{\beta}\mu$	$\sigma=0$ 或 1
Leontief 生产函数	瓦西里·里昂惕夫（Wassily Leontief, 1941）	$Y=\min(aL,bK)$	$\sigma=0$ 或 1
CES 生产函数及各种变形	罗伯特·索洛（Robert Solow, 1956）	$Y=(aK^{\rho}+bL^{\rho})^{\frac{1}{\rho}}$	
	阿罗等（Arrow et al., 1961）	$Y=C[aK^{\rho}+(1-a)L^{\rho}]^{\frac{1}{\rho}}$	
	大卫和克隆德（David &Klunder, 1965）	$Y=[(E_kK)^{-\rho}+(E_lL)^{-\rho}]^{\frac{1}{\rho}}$	$\sigma=\dfrac{1}{1+\rho}$
	巴罗和萨拉-伊-马丁（Barro&Sala-i-Martin, 1995）	$Y=C\{[\alpha(AK)^{\rho}+(1-\alpha)[(1-A)L]^{\rho}]^{-\frac{1}{\rho}}$	
	克兰普等（Klump et al., 2007）	$Y=[\theta(A_t,K_t)^{-\rho}+(1-\theta)(B_t,L_t)^{-\rho}]^{-\frac{1}{\rho}}$	
VES 生产函数及各种变形	索图·霍夫曼（Sato Hoffman, 1968）	$Y=\gamma[\delta_K\cdot K^{\frac{\sigma-1}{\sigma}}+\delta_L\cdot L^{\frac{\sigma-1}{\sigma}}]^{\frac{v\cdot\sigma}{\sigma-1}}$	σ
	雷万卡（Revankar, 1971）	$Y=AK^{\frac{v}{1+c}}[L+(b/c)K]^{\frac{vc}{1+c}}$	$\sigma=1+\dfrac{bK}{L}$
超越对数生产函数	克里斯滕森等（Christensen et al., 1973）	$\ln Y=\beta_0+\beta_K\ln K+\beta_L\ln L+\beta_{KK}(\ln K)^2+\beta_{LL}(\ln L)^2+\beta_{KL}\ln K\cdot\ln L$	$\sigma=\left\{1+\dfrac{-\beta_{KL}+2\frac{\eta_K}{\eta_L}\beta_{LL}}{-\eta_K+\eta_L}\right\}^{-1}$ 其中，η_K 和 η_L 分别是资本和劳动的产出弹性。

资料来源：由作者根据相关文献整理。

（Klump，2007）提出的有偏技术进步条件下的 CES 生产函数：

$$Y = \left[\theta \left(E_k K \right)^{-\rho} + (1 - \theta) \left(E_l L \right)^{-\rho} \right]^{-\frac{1}{\rho}} \qquad (2-1)$$

在生产者利润最大化及市场经济完全竞争条件下，生产者理性决策的最优一阶条件为要素价格等于边际产出：

$$MP_L = \frac{\partial Y}{\partial L} = (1 - \theta) \left(\frac{Y}{L} \right)^{\frac{1}{\sigma}} \left(E_L \right)^{1 - \frac{1}{\sigma}} = w \qquad (2-2)$$

$$MP_K = \frac{\partial Y}{\partial K} = \theta \left(\frac{Y}{K} \right)^{\frac{1}{\sigma}} \left(E_K \right)^{1 - \frac{1}{\sigma}} = r \qquad (2-3)$$

将（2-2）式与（2-3）式相除后可得：

$$\frac{MP_K}{MP_L} = \frac{\theta}{1 - \theta} \left(\frac{E_K}{E_L} \right)^{1 - \frac{1}{\sigma}} \left(\frac{K}{L} \right)^{-\frac{1}{\sigma}} \qquad (2-4)$$

将（2-4）式两边取对数后得到：

$$\ln \left(\frac{K}{L} \right) = \sigma \ln \left(\frac{w}{r} \right) + (1 - \sigma) \ln \left(\frac{E_L}{E_K} \right) \qquad (2-5)$$

其中 $E_K = E_0^k \cdot e^{\lambda_k t}$，$E_L = E_0^l \cdot e^{\lambda_l t}$，$\lambda_k$ 和 λ_l 分别为要素效率增长率。鉴于资本 K 和劳动力 L 的投入以及要素价格 w 和 r 较易获取，因此要素替代弹性 σ 的值可通过对（2-5）式进行估计后获得。

级数展开法以数学方法入手，利用级数展开对非线性函数做低阶近似，该方法最早由克曼塔（Kmenta，1967）提出，并应用于对要素替代弹性的求解。这里将佐藤·霍夫曼（Sato Hoffman，1968）的 VES 生产函数两边取对数并在 $\rho = 0$ 处作二阶泰勒展开，得到：

$$\ln Y = \ln A + \frac{V}{1 + C} \ln K + \frac{VC}{1 + C} \ln L + \frac{bV}{1 + C} \cdot \frac{K}{L} \qquad (2-6)$$

由表 2-2 可知，该生产函数的要素替代弹性为 $\sigma = b \cdot \frac{K}{L} = b \cdot k$，则（2-6）式可以进一步转化为：

表 2－2　国内学者在要素替代领域的主要研究

研究学者	期间	行业	生产函数	要素	替代弹性	技术进步方向
张明海	1978～1999 年	整体经济	CES	K, L	0.466	—
孙中琁	1978～2004 年	整体经济	CES	K, L	西部（0.91～1）东部（0.83～1.4）	—
白重恩	1997～2003 年	整体经济	系统 GMM	K, L	<1	—
戴天仕	1978～2005 年	整体经济	CES	K, L	0.736～0.813	KB
陈晓玲、连玉君	1978～2008 年	整体经济	CES	K, L	>1（9 个省区市）<1（19 个省区市）	KB（18 个省区市）LB（10 个省区市）
雷钦礼	1991～2011 年	整体经济	CES	K, L	0.329～0.382	KB
郝枫	1978～2011 年	整体经济	CES	K, L	0.23～0.55	—
钟世川	1979～2011 年	工业	CES	K, L	0.083～1.62	KB
刘岳平等	1978～2013 年	农业	CES	K, L	>1	—
刘慧慧等	1980～2011 年	整体经济	CES	K, E	0.345	—

注：K、L、E 分别表示资本、劳动力和能源，KB 表示资本偏向型技术进步，LB 表示劳动偏向型技术进步，EB 表示能源偏向型技术进步。
资料来源：本表由作者整理所得，详情请参见各参考文献。

$$\ln Y = \alpha_0 + \alpha_1 \ln K + \alpha_2 \ln L + \alpha_3 k \qquad (2-7)$$

其中 k 为人均资本，由（2-7）式可得要素替代弹性 $\sigma = \dfrac{\alpha_3}{\alpha_1} \cdot k$，即要素替代弹性的值可通过对（2-7）式进行估算后获得。

2. Kmenta 逼近法

Kmenta 逼近法由简·克曼塔（Jan Kmenta，1967）提出，该方法将 OLS 估计应用到生产函数线性化的一阶条件或生产函数的线性变量中。该方法的工作原理是利用 CES 生产函数，并在初始时间设定基准点的劳动力投入、资本投入以及产出分别为 L_0、K_0 和 Y_0，然后将 CES 生产函数进行标准化，并在要素替代弹性 $\sigma = 1$ 处进行泰勒展开，进而得到可以直接进行回归并利用相关参数求解要素替代弹性。

利昂 – 莱德斯马（León-Ledesma，2010）在 CES 生产函数的基础上，假设技术进步满足 $A_t = A_0 e^{r_K t}$，$B_t = B_0 e^{r_L t}$，将 Kmenta 逼近法的方程表达为：

$$\begin{aligned}\log\left(\frac{Y_t / Y_0}{L_t / L_0}\right) &= \theta \log\left(\frac{K_t / K_0}{L_t / L_0}\right) + \frac{\theta(1-\theta)(\sigma-1)}{2\sigma}\left[\log\left(\frac{K_t / K_0}{L_t / L_0}\right)\right]^2 \\ &\quad + \left[\theta r_{Kt} + (1-\theta) r_{Lt}\right](t-t_0) \\ &\quad + \frac{\theta(1-\theta)(\sigma-1)}{2\sigma}(r_{Kt} - r_{Lt})^2 (t-t_0)^2 \qquad (2-8)\end{aligned}$$

将（2-8）式中的各参数设定为：

$$a = \frac{\theta(1-\theta)(\sigma-1)}{2\sigma}$$

$$b = \theta r_{Kt} + (1-\theta) r_{Lt}$$

$$c = \frac{\theta(1-\theta)(\sigma-1)}{2\sigma}(r_{Kt} - r_{Lt})^2$$

通过估计方程（2-8）中 θ、a、b、c 的值，即可获得要素替代弹性 σ 和技术进步指数 r_{Kt}、r_{Lt} 的值。

Kmenta 逼近法可以利用近似相关将 CES 生产函数进行线性化来求解要素替代弹性，且求解方法比较简便（León-Ledesma，2010），这是 Kmenta 逼近法的优点。国内学者钟世川（2014）以及刘岳平、钟世川（2016）分别采用 Kmenta 逼近法测算了工业行业以及农业行业的要素替代弹性和技术进步偏向。然而，最初的 Kmenta 逼近法建立在 Hicks 中性技术进步的基础上，存在对技术进步指数的弱识别，无法有效得技术进步的偏向性，这是 Kmenta 逼近法的缺点（León-Ledesma，2010）。

3. 多方程系统估计法

由于 Kmenta 逼近法无法有效获得要素替代弹性和技术进步偏向，有学者采用 CES 生产函数 $Y_t = \left[\theta \left(A_t K_t \right)^{-\rho} + \left(1 - \theta \right) \left(B_t L_t \right)^{-\rho} \right]^{-\frac{1}{\rho}}$，利用要素报酬等于要素的边际产出的均衡条件，建立多方程系统估计法对要素替代进行估计（Klump et al.，2007）。均衡条件如（2-9）式及（2-10）式所示：

$$MP_L = \frac{\partial Y}{\partial L} = \left(1 - \theta \right) \left(\frac{Y}{L} \right)^{\frac{1}{\sigma}} \left(B_t \right)^{1 - \frac{1}{\sigma}} = w \qquad (2-9)$$

$$MP_K = \frac{\partial Y}{\partial K} = \theta \left(\frac{Y}{K} \right)^{\frac{1}{\sigma}} \left(A_t \right)^{1 - \frac{1}{\sigma}} = r \qquad (2-10)$$

多方程系统估计法的原理是将生产函数与均衡条件联立起来并设定固定的参数，通过建立两方程模型或三方程模型来获得要素替代弹性的值，以各变量样本均值对变量进行标准化，令 $Y_0 = \zeta \overline{Y}$，$K_0 = \overline{K}$，$L_0 = \overline{L}$，$A_0 = \overline{A}$，$B_0 = \overline{B}$，$\theta_0 = \overline{\theta}$，$t_0 = \overline{t}$，代入方程（2-9）式及（2-10）式，并将 A 和 B 进行 Box-Cox 转换后可以得到标准化供给面系统方程组：

$$\begin{cases} \log\left(\dfrac{Y}{\overline{Y}}\right) = \log(\zeta) + \dfrac{\sigma}{\sigma-1}\log\left[\theta\left(\dfrac{AK}{\overline{A}\,\overline{K}}\right)^{\frac{\sigma-1}{\sigma}} + (1-\overline{\theta})\left(\dfrac{BL}{\overline{B}\,\overline{L}}\right)^{\frac{\sigma-1}{\sigma}}\right] \\[3mm] \log\left(\dfrac{rK}{Y}\right) = \log(\overline{\theta}) + \dfrac{\sigma}{\sigma-1}\log(\zeta) + \dfrac{\sigma-1}{\sigma}\log\left(\dfrac{Y/\overline{Y}}{K/\overline{K}}\right) + \dfrac{\sigma-1}{\sigma}\log\left(\dfrac{A}{\overline{A}}\right) \\[3mm] \log\left(\dfrac{wL}{Y}\right) = \log(1-\overline{\theta}) + \dfrac{\sigma}{\sigma-1}\log(\zeta) + \dfrac{\sigma-1}{\sigma}\log\left(\dfrac{Y/\overline{Y}}{L/\overline{L}}\right) + \dfrac{\sigma-1}{\sigma}\log\left(\dfrac{B}{\overline{B}}\right) \end{cases}$$

$$(2-11)$$

方程组（2－11）式采用标准供给面系统方法，利用参数在不同方程之间的相互影响，可获得要素替代弹性 σ 的值。有学者认为标准供给面系统方法包含交叉方程参数约束，增加了自由度，可以提高参数估计的有效性和辨识度等，并可以解决同时获得要素替代弹性以及技术进步偏向的问题（León-Ledesma，2010）。

对比单方程模型和多方程模型在测算要素替代弹性的优缺点来看，单方程模型更易操作、数据更易获得。与单方程模型相比，多方程模型可将生产者理性决策等均衡条件纳入方程，有助于改善要素替代弹性估计的效果，但仍存在模型复杂、计量方法不易掌握等缺陷。

2.1.3　国内外学者有关要素替代弹性的研究

基于不同的生产函数，对要素替代弹性广泛而深入的研究主要集中在欧美国家。在技术进步为希克斯中性[①]的假设前提下，有学者对19 个国家的资本－劳动替代弹性进行了测算，并进而比较了日本和美国的产品价格和劳动力效率（Arrow，1961）。有学者利用 CES 生产函

——————————

① 希克斯中性（Hicks）技术进步，指不改变资本和劳动的边际产量之比率的技术进步。由于 Hicks 中性技术进步使得资本和劳动这两种生产要素的效率获得同步提高，即劳动的边际产量（dY/dL）和资本的边际产量（dY/dK）之比保持不变，而产出得以增长。因此，也被称为"产出增长型"技术进步。

数，在考虑技术进步偏向的同时，测算出美国 1929～1967 年的资本劳动替代弹性为 0.76（Kalt，1978）。也有学者利用超越对数生产函数，对墨西哥制造工业中能源、资本、劳动力以及技术等要素的使用和替代进行了研究，指出即使在技术需要进口的发展中国家，技术的选择对要素价格也很敏感（Thomas，1989）。还有学者采用标准化的CES 生产函数，测算出加拿大在 1961～2010 年的资本–劳动替代弹性为 0.903（Jiang Li and Kenneth，2014）。

　　此外，随着对宏观经济中要素替代弹性研究的深入，研究逐渐深入到产业领域。从产业经济的角度讲，在某一时点经济体的最优结构取决于资本、劳动力、技术等生产要素的相对丰裕程度（林毅夫，2011）。要素替代弹性可反映产业结构的变化，当产业结构发生变化时，通常的表现形式为密集使用廉价的生产要素，以实现要素投入最少、产出最大。从要素替代的方式看，要素替代可能发生在不同生产要素之间，如资本对劳动力的替代，或者相同生产要素的不同因子之间的替代，如考虑劳动力的异质性，非技能劳动力和技能劳动力之间同样存在替代性。有学者对美国 19 个行业的资本–劳动替代弹性进行测算的基础上，进一步对比不同区域的资本–劳动替代弹性及要素的边际生产率，研究发现资本–劳动比率可用于解释区域间产业水平的差异，资本–劳动替代弹性的提高会造成低工资区域劳动力的低增长率，资本–劳动替代弹性会影响区域产业结构的调整（Frederick，1964）。基于 CES 生产函数，有学者测算出 1949～1972 年加拿大制造业的资本劳动替代弹性介于 0.63～0.71，并认为要素替代弹性存在时间效应，经济活动的周期性波动会造成资本–劳动比率的波动（Joseph，1978）。将面板数据引入要素替代弹性的研究，对美国 1972～1991 年 1860 家企业的面板数据进行区间划分，估算出美国资本–劳动的替代弹性接近于 0.4（Chirinko，2004）。也有学者认为美国 1960～2005 年大部分行业的资本–劳动替代弹性都小于 1，且整体小于0.62，跨部门来看，制造业的资本–劳动替代弹性小于服务业，投资部门的资本－劳动替代弹性小于消费部门（Young，2013）。基于以上事实，从国外学者对要素替代弹性的研究范围来看，其研究领域并不局限于宏观经济且深入到国家发展的各产业部门，从对要素替代弹性的研究结论来看，无论是发达国家还是发展中国家，其资本－劳动替代弹性都显著小于1，生产要素之间为互补关系，这符合大多数国家的经济现实。

近年来，随着国外研究学者对要素替代研究的逐步深入，国内学者开始关注要素替代弹性的研究（张明海，2002；孙中栋等，2007；白重恩等，2009；戴天仕，2010；连玉君等，2012；雷钦礼，2013；郝枫等，2014；钟世川，2014；刘岳平等，2016；刘慧慧等，2016），他们采用不同方法对中国的要素替代弹性进行了测算，为进一步分析和比较各学者的研究成果，将主要研究方法和结论进行汇总，如表2－2所示。

从以上结论可以看出，国内学者多基于CES生产函数对中国的要素替代弹性及技术进步的偏向性进行了研究，研究领域仍主要以整体经济为主，对各产业部门的研究相对较少。对比研究结果，从要素替代弹性来看，多数学者支持中国资本－劳动替代弹性小于1的研究结论，即资本与劳动力之间仍主要表现为互补关系，这与国外学者的研究结论基本相符。分产业部门来看，少数学者对工业以及农业的要素替代弹性进行了关注，如钟世川（2014）、刘岳平、钟世川（2016）分别对38个工业部门以及农业的资本－劳动替代弹性进行了研究。除少数工业行业外，大多数行业的资本－劳动替代弹性大于0且小于1。农业部门受机械化水平的提高以及农业劳动力减少的影响，资本出现对劳动力的强制替代，农业的资本－劳动替代弹性显著大于1。从技术进步的偏向性来看，国内学者对技术进步的偏向性已有共识，除个别年份外，中国的技术进步大体偏向于资本，这与发达国家的研究结论类似。此外，技术进步偏向往往存在明显的行业差异，现有研究多关注工业以及农业技术进步偏向的研究，对技术进步偏向的产业差异研究不足。

2.1.4　影响要素替代弹性的因素

现有研究多关注如何测算要素替代弹性的大小，对要素替代弹性的影响因素较少提及。从对生产函数的观察来看，当设定的生产要素只有资本和劳动力两种生产要素时，尽管要素的替代弹性只是一个参数，但要素价格和要素供给量仍然受到很多外在因素的影响。通过分析要素替代弹性可知，弹性大小受要素供给变动、要素价格比率以及技术变动等因素的影响。

1. 要素供给变动的影响

在要素价格比率不变的情况下，要素替代弹性受要素供需变动的影响。从要素供给的角度来讲，假设某种未发现的资源被勘探发现了，或者由于技术水平的提升，某种以前无法利用的资源现在可以利用了，都会导致生产要素供给量的增加。由于该生产要素供给的增加，要素价格将受要素供给量的增加而降低。在技术水平可达范围内，生产者将增加使用价格相对便宜的生产要素，而减少使用昂贵的生产要素，要素替代弹性随之发生变化。

2. 要素价格比率变动的影响

受要素供需变化的影响，要素价格的变动比例往往会发生变化。在假设仅存在资本和劳动力两种生产要素的情况下，当发生"劳工荒"时，劳动力工资水平将会上涨。在假设资本价格不变的情况下，劳动力价格上涨将会出现导致资本对部分劳动力的替代。

3. 技术创新的影响

技术创新对要素替代弹性的影响，在于技术创新可改变生产要素的边际生产率。当某种要素价格居高不下时，技术进步的偏向性将会导致减少使用该种生产要素，假设在要素价格不变的情况下有了技术创新，在减少使用某种生产要素的情况下，仍可获得相同的产出。可见，技术创新会导致要素替代弹性的变动。

4. 其他影响因素

在不存在要素价格扭曲的情况下，要素替代弹性还受市场分工、产业规模、制度等因素的影响。首先，分工的产生最初源于交换，随着交换的细化和扩大，分工也从低级向高级转化并随之产生了规模经济。当分工水平不断提高时，要素价格随着分工水平的提升而降低，在资本要素的分工水平较高的情况下，资本要素价格随之降低，资本对劳动力的替代性增长，要素替代弹性变大。反之，要素替代弹性变小。其次，产业规模随分工的扩大而扩大，规模经济中标准化生产的程度较高，设备的专业化程度较高，要素与要素之间的替代性较差。潘闽等（2017）认为规模化制造业对专业设备需求的"刚性"较大，要素之间较难替代，替代弹性较小，而先进制造业生产的"柔性"较大，要素之间替代弹性较大。最后，制度也会影响要素替代弹性，由于财政、金融制度的影响，当货物无法发挥其作为交换媒介的作用时会导致通货膨胀，高通货膨胀会影响要素的配置效率并导致要素的替代弹性降低（Klump et al.，2009）。

此外，即使在市场最有效的情况下，仍然存在一些因素导致要素市场的扭曲，例如要素市场发育不完全、工会势力、地方保护主义等因素的影响。由于要素市场发育不完全，各种分割而导致生产要素无法自由流动，进而无法实现要素资源的有效配置。在国外学者的众多研究中，工会势力也是影响要素替代的重要因素，工会势力越强，在劳动里市场的谈判地位越高，资本对劳动力的替代弹性越小。此外，在区域竞争过程中往往存在地方保护主义，政府对市场的干预会导致要素偏离正常的市场价格，从而无法反映要素的稀缺程度。当资本价格无法反映其稀缺性时，资本的过度投入最终影响产业效率。

2.2　要素替代与技术进步偏向性的研究

要素替代弹性研究要素价格对要素边际产出的影响，有关要素替代弹性的研究一直是经济学家关注的焦点，与社会的发展进程有着不可分割的关系，其研究经济增长以及要素分配的重要参数。在此背景下，研究要素替代弹性、技术进步偏向及其与经济增长的关系成为众多经济学家关注的领域。

2.2.1　技术进步偏向的定义及相关研究

关于技术进步偏向，有学者认为要素价格的变化会引发技术创新，即某种要素的相对价格提高会刺激厂商寻找节约该要素的技术，并提高相对价格低的要素的边际生产率，从而更多地使用价格相对低的要素，故技术进步对要素生产率的提高是有偏的（Hicks，1932）。在资本-劳动产出比不变的条件下，若技术进步使资本边际产出提高，则为资本偏向型技术进步；若技术进步使资本的边际产出减少，则为劳动偏向型技术进步；若技术进步使资本的边际产出不变，则为中性技术进步（Harrod，1942）。但值得注意的是，古典增长理论并没有提出技术进步的偏向性，而是认为技术进步作为外生变量对生产要素劳动生产率提高的机会均等，对要素投入比没有影响。20 世纪50 年代，索洛的新古典经济增长模型普遍应用于测算各国技术进步的速率及技术进步对经济增长的贡献，但遗憾的是索洛经济增长模型建立在技术进步为中性假设上，替代弹性的讨论以相等的资本-劳动投入比为前提，这些基本假定与经济现实相悖。20 世纪60 年代，工资水平随着劳动产出水平的提高而提高，为节省变得昂贵的劳动力，技术进步偏向节省劳动力的方向进展。费尔纳（Fellner，1961）认为技术进步并不是中性的而是有偏的，并在其技术创新理论中认为："劳动力的工资水平在过去持续增长，预计还将增长，技术进步试图节约这种正变得更加昂贵的要素。"与此同时，他将 Hicks 的论述加以扩展并得出技术进步是有偏且偏向劳动增强型的结论。基于相关学者的讨论基础上，萨缪尔森（Samuelson，1965）构建了一个简化模型，企业通过该模型可以选择资本偏向型技术创新或劳动偏向型技术创新，企业凭借自身优势选择适宜技术从而使生产成本达到最小。然而，有观点质疑该模型建立在"可疑"的宏观经济基础之上，认为只有当技术创新符合"哈罗德中性"①才会有一般均衡增长（Nordhaus，1973）。也有学者运用 Box-Cox 转换法，分别从短期和长期对加拿大的有偏技术进步进行了测算，证明劳动增强型技术偏向是加拿大技术进步的方向，这在一定程度上验证了 Fellner 关于技术进步偏向的论述符合"哈罗德中性"假说（Jiang Li and Kenneth，2014）。

20 世纪末，内生经济增长理论崭露头角，与索洛经济增长模型相比，内生经济增长理论强调技术创新，认为劳动分工程度和人力资本的积累程度决定技术创新水平的高低，技术进步作为内生变量被逐渐纳入经济增长讨论的范畴中。但是，早期大多数研究将技术进步局限于 Hicks 的技术无偏框架中，认为技术进步虽然会提高要素的生产效率，但是对生产率提高的比率并无差异，即技术进步对生产要素的投入比例没有影响。美国经济学家阿西莫格鲁（Acemoglu，2001）在内生经济增长模型的框架下，分析了价格变化、市场规模对技术进步的偏向作用，认为价格效应和市场规模效应是影响有偏技术进步的微观机制。他认为，不同要素间的替代弹性受技术进步的影响不同，当生产要素的相对价格发生变化时，在价格效应的引导下，技术创新的方向将偏向于稀缺资源，而在市场规模效应的引导下，

---

① 哈罗德中性，指这种技术进步的作用主要是使得劳动的效率得到提高，技术进步以后 L 数量的劳动能够做相当于从前 T 倍的工作。这类技术进步称为劳动增长型技术进步。

技术创新的方向将偏向于丰裕资源。

关于要素替代与技术进步的研究是国外学者研究的热点，从国外的研究现状看，无论基于宏观还是微观层面，技术进步并不是中性无偏的，技术进步对要素价格较敏感，会随着相对价格降低、相对效率的提高偏向于某一生产要素。在有关技术进步偏向研究的基础上，结合要素替代弹性与要素生产率，有学者对在 20 世纪 90 年代 IT 业发达的欧洲以及美国，其失业率以及要素生产率却迥然不同的原因进行了分析（Klump，2008）。研究发现，即使两国的要素替代弹性都小于1，不同的要素生产率会导致不同的技术进步偏向，从而导致对要素使用的需求不同。到 20 世纪末，技术进步作为解释变量被纳入经济模型，资本与劳动之间的替代弹性和技术变革的方向成为许多经济领域的关键参数（Klump，2012）。

国内关于技术进步偏向和要素替代的研究较少，有关物流产业的相关研究更是阙如。田刚、李南（2009）认为技术进步是中国各地区物流业全要素生产率增长的动力，各地区物流产业存在投入拥挤和资源浪费现象，技术效率的恶化阻碍了生产率的增长。余泳泽（2016）认为分工与专业化程度是技术进步的根本原因，影响物流产业增长的主要因素是技术进步率和技术效率变化率。唐建荣（2016）等发现技术进步是推动物流产业全要素生产率增长的动力，区域物流产业全要素生产率增长的空间差异较大且技术创新大多发生在东部地区。欧阳小迅、黄福华（2014）运用 DEA 方法测算了中国各地区考虑环境变量和不考虑环境变量的物流产业技术进步指数，并对中国物流产业的技术进步偏向类型进行了评估。由此可知，物流技术进步和要素替代弹性对产业发展有着重要的影响，但遗憾的是，专注于研究物流技术进步、要素替代的文献并不多见。欧阳小迅虽然对物流技术进步的方向进行了估计，但是并没有测算物流产业替代弹性的大小。然而，要素替代弹性受技术进步偏向的影响，是衡量区域物流产业发展的重要指标。鉴于此，在本书的研究过程中，有必要对中国物流产业的要素替代弹性进行测算，这是讨论要素替代弹性对物流产业增长影响的基础。

2.2.2　要素替代弹性与有偏技术进步的内在影响机制：理论演进

对要素替代弹性和技术进步偏向的研究，最初来源于 20 世纪 50 年代经济学家对经济增长源泉和社会产出水平影响因素的调查。在探寻财富在国内以及国家间分布的过程中，国外学者对要素替代弹性与有偏技术进步之间的相互依赖性进行了研究。有学者研究了要素替代弹性与经济效率的关系，并强调了要素替代弹性作为生产参数的重要作用（Arrow et al.，1961）。技术创新会提高要素的劳动生产率，劳动节约型创新有助于提高资本的边际生产率，资本节约型创新有助于提高劳动的边际生产率（Mäler and Bo，1967）。在不考虑技术进步的情况下，对要素替代弹性的估计会存在偏差，这是很多研究认为美国要素替代弹性为 1 的重要原因（Berndt，1976）。阿西莫格鲁（Acemoglu，2002，2003）将这种偏向于某种要素的技术进步定义为有偏技术（Z-biased technology change），并基于 CES 生产函数以及要素生产率的比较研究，对要素替代弹性与技术进步偏向的关系进行了简明的解释。从对 CES 生产函数的边际产出分析可知，资本相对于劳动力的边际产出以及与技术进步的关系，取决于要素替代弹性的大小。特殊地，当要素替代弹性等于 1 时，符合 C-D 生产函数和里昂惕夫（leontief）生产函数的特性，技术进步不存在偏向性。当资本与劳动力之间的要素替代弹性大于 1 时，企业生产要素的价格一旦发生变化，假设劳动力成本上升，则必然伴随着资本投入的增加来抵消劳动力成本的上升，资本效率高于劳动效率时，技术进步则偏向于资本；反之，当资本的成本上升，劳动效率高于资本效率时，技术进步则偏向于劳动。当资本与劳动力之间的要素替代弹性小于 1 时，劳动效率高于资本效率，技术进步有助于资本的边际产出，则技术进步偏向于资本；反之，技术进步更有助于劳动的边际产出，技术进步偏向于劳动。具体划分详见表 2 - 3。

表 2 - 3　　　　　　　　要素替代弹性与技术进步偏向的类型

项目比较	替代弹性 $\sigma > 1$	替代弹性 $\sigma < 1$
资本生产率大于劳动生产率	资本偏向、劳动节约[注]	劳动偏向、资本节约
资本生产率小于劳动生产率	劳动偏向、资本节约	资本偏向、劳动节约

注：资本偏向型技术进步又称劳动节约型技术进步，即技术进步偏向于资本要素的使用和劳动力要素的节约。

资料来源：Acemoglu D. Direct Technical Change [J]. Review of Economic Studies, 2002, 69：781 - 810.

要素替代弹性的大小与技术进步偏向相互影响的深层原因，从技术进步的角度讲，随着资本技术进步率的提升，在资本与劳动力之间的要素替代弹性较小（为互补关系）的情况下，在不断增加资本投入时会出现对劳动力的超额需求，此时劳动力的边际产出大于资本的边际产出，技术进步偏向于劳动。反之，当资本与劳动力之间的要素替代弹性较大时（为替代关系）时，在资本技术进步率提升的情况下，资本投入不断增加会导致资本对劳动力超额需求的替代，从而导致劳动力的边际产出小于资本的边际产出，技术进步偏向资本。其他情况同理，在此不再赘述。

基于此，很多学者也展开了对要素替代弹性与技术进步偏向内在机制的研究，基于局部及全局生产函数，研究了不同要素替代弹性与技术进步偏向之间的关系，认为不同的生产函数是经济研究的基石，不同的要素投入组合即使在给定生产技术的前提下，不同的要素替代弹性也会导致不同的产出水平（Charles，2005）。有学者采用多方程系统估计法对要素替代弹性和有偏技术进步进行了估计，认为要素替代弹性和技术进步偏对要素收入份额、资本深化以及资本产出率的影响，是欧洲经济在中期内偏离均衡路径的重要原因（Peter and Alpo，2008）。因此，从国外研究的结论基本可以得出这样的推论，技术进步偏向和要素替代弹性是研究生产函数和经济增长的重要参数，在资本不断深化以及资本效率不断提升的情况下，要素替代弹性越高，技术进步越偏向于资本；反之，技术进步偏向于劳动力。特殊地，当要素替代弹性为 1 时，则不存在技术进步偏向。由于数据获得性和一致性的约束以及估计模型的选择等问题，国内的相关研究仍存在空缺，但也有相关学者进行了大胆的尝试。

2.3 要素替代与经济增长效应

国外对要素替代的探究最早来自学者对经济增长源泉的思考和探索，本节在分析要素替代弹性影响经济增长的机制和理论分歧的基础上，对国内外要素替代弹性对经济增长影响的实证研究进行了归纳总结。

2.3.1 要素替代弹性与经济增长：理论进展

对经济增长的研究通常围绕生产要素和技术进步展开。技术进步可以促进要素生产率的提高，抵消来自要素成本上升的竞争劣势（许召元、胡翠，2014）。古典经济增长理论中，斯密将劳动、资本、制度当成经济增长的基本要素，萨伊（Say，1803）指出生产的价值归因于劳动、资本和自然力三者的合力。19 世纪末 20 世纪初，马歇尔在《经济学原理》中专门论述了生产要素，他认为生产要素通常分为生产资本、人类的劳动和土地三类。

从要素替代弹性对经济增长的影响来看，德拉格兰德维尔（De la Grande Ville，2000）认为，经济的增长效应反映一个国家要素的流动速度和要素的可替代程度。在规模经济下，要素之间的可替代程度越大，经济越能从中获益。然而，对于该观点，有学者并不认同，他们认为在戴尔蒙德模型下，要素之间替代弹性的高低并不必然是影响经济增长快慢的原因，甚至认为由于替代弹性的增长，人均产出反而降低（Miyagiwa and Papageorgiou，2003）。而有学者则认为要素替代弹性对经济增长具有效率效应和分配效应，二者观点的根本分歧在于对效率效应和分配效应的关注点不同，在效率效应的引导下，要素替代弹性的提高有助于经济的增长，而在分配效应的引导下，当假定所有的资本积累来源于劳动者的收入时，高的替代弹性反而会降低劳动者的收入，并进而抑制经济增长（Irmen，2009）。从当前的研究结论来看，学者们更偏向于支持德拉格兰德维尔的结论，认为国与国之间经济增长的差异，源于国家之间采用不同的生产要素政策而导致要素替代弹性的不同。有学者认为韩国政府"增长第一、分配第二"的产业政策，是导致韩国资本－劳动替代弹性大于美国的重要原因（Yuhn，1991）。德拉格兰德维尔（1997）同样认为东亚国家的增长奇迹源于较高的资本－劳动替代弹性，而非拥有较高的储蓄率和先进的技术。可见，要素替代弹性作为一个重要变量被广泛应用于经济增长的研究中，甚至有学者认为即使在不可再生资源和技术进步缺失的情况下，当要素的替代弹性大于 1 时，同样可以实现经济增长。国内也有学者利用中国宏观经济以及相关产业的数据支持了德拉格兰德维尔的观点（陈晓玲、连玉君，2012；钟世川，2014；刘岳平、钟世川，2016），但是将要素的可替代性应用到物流产业的研究还不多见。然而，产业存在异质性，在产业发展的不同阶段，任何生产要素的供给比例都存在充裕、短缺以及适当的状态，物流产业在成本居高不下的压力下，同样需要考虑不同要素的组合和相互替代性。此外，受要素供给量以及技术水平的约束，资本－劳动之间的替代并不是无限度的。一方面，要素替代弹性的提高受要素差异过大影响而在技术上无法实现替代的"技术约束效应"；另一方面，在技术可实现的前提下，要素投入存在供给约束的"天花板效应"（张月友，2012）。

要素替代弹性对经济增长的作用主要是效率效应和分配效应。效率效应影响要素边际生产率，通过资本边际产出的提高而直接促进经济增长；分配效应则通过影响资本和劳动力的收入水平，通过影响资本积累这一中间变量，达到间接促进经济增长的作用。微观经济理论认为，要素替代的效率效应在一定程度上反映了要素流动的效率。当劳动力与资本间呈替代关系时，劳动力成本的上升必然伴随着投资的增加；当能源与资本呈互补关系时，能源节约就可以借助资本增加来实现。如果要素间的替代弹性较大，当企业面临要素价格变化时，追求利润最大化将驱动企业改变要素投入比例，选择价格相对低廉的要素、放弃相对昂贵的要素。从某种程度上讲，效率效应反映了企业对生产要素的选择权，生产要素价格的提高促使企业对生产要素进行不同的组合，通过选择最优生产效率组合达到利润最大化。在这一过程中，企业不会因为某一要素的增加而使其边际产量发生实质性改变，反而会在一定程度上减缓或抵消这一要素边际产量递减趋势的发生。传统新古典要素分配理论认为，要素替代弹性和要素投入比的变化会引起要素分配份额的变化。从资本积累的角度来讲，总储蓄同时来源于劳动报酬和资本报酬，当劳动储蓄率与资本储蓄率不同时，要素报酬率不同，要素替代弹性随之对投资产生影响。若资本的储蓄率高，资本对投资产生的影响较大，在总产出一定的情况下，要素替代弹性的增大会对劳动力产生挤出效应，最终影响劳动力的总产出，进而降低劳动力的资本存量。这就是间接分配效应的微观经济学解释。

要素替代弹性对经济增长的效率效应和分配效应是国外学者研究的热点。德拉格兰德维尔（De La Grandville，1989）和克兰普（Klump，2000）分别对两种效应进行了分析，根据索洛经济增长模型，要素替代弹性是反映经济增长的重要参数，经济增长率的大小、人均资本收入的高低反映了经济对要素替代弹性的敏感程度。一个国家的经济增长速度从某种程度上反映了该国的要素流动速率和素替代程度。要素替代弹性越大，经济越能从快速流动的要素中获益，在规模效应不变的情况下，具有较高替代弹性的国家将具有更高的要素生产率，符合效率效应，这一观点被称为德拉格兰德维尔假说。也有学者认为，基于戴尔蒙德－世代交叠模型（Diamond OLG），替代弹性的高低并不必然是经济增长快慢的原因，劳动－资本替代弹性较高的国家人均资本产出反而较低（Miyagiwa and Papageorgiou，2003），这与 Grandville 的观点相悖。以标准化 CES 生产函数为框架，有学者对这两种截然不同观点进行了阐述（Irmen，2009）。研究发现，两者争论的焦点在于替代弹性的效率效应和收入分配效应的分歧，效率效应在独立于任何储蓄假说下，对经济的促进作用始终为正，而替代效应的正负取决于要素替代的分配以及假定的储蓄来源，在戴尔蒙德的模型下，所有的储蓄来自劳动投入，高的替代弹性通过减少劳动在总收入中的份额而挤压劳动者的资本积累，从而导致人均产出的降低。替代弹性正是通过效率效应和分配效应影响人均产出，进而影响经济增长。替代弹性对经济增长的影响，取决于模型的选取，取决于在特定的分析框架下我们对这个世界的认识（Miyagiwa and Papageorgiou，2003）。

通过分析要素替代促进经济增长的微观机理，效率效应和分配效应通过直接影响要素生产率和间接影响资本积累来达到促进经济增长的作用。当前，劳动力报酬不断提高，要素替代的效率效应旨在保持产出不变的情况下，通过优化资源配置方式来提高要素生产率。

较之国外的研究，当前国内学者对要素替代弹性的产业研究多集中在工业以及农业。张月玲（2017）认为，尽管我国三大区域间资本、劳动力以及技能之间的替代弹性显著不同，但其增长效应具有一致性。钟世川（2014）的研究结论同样认为要素替代弹性有利于工业经济增长。刘岳平（2016）等估算了农业的资本－劳动替代弹性，且认为要素替代弹性与农业经济增长率呈正相关关系。欧阳小迅、黄福华（2014）等认为中国区域物流技术进步的地区差异较明显且偏向选择的路径大体相同，但遗憾的是，要素替代弹性并没有被纳入物流产业研究的范畴。随着学者对要素替代研究的不断深入，相较于要素的多寡，要素如何配置对产业发展起到更为关键的作用。

2.3.2　要素替代弹性对经济增长影响的实证研究

资本与劳动力之间的替代弹性（σ）是经济增长理论中的一个关键参数。国外学者从理论和实证的角度对经济增长与替代弹性之间的关系进行了论证。采用 C-D 生产函数，有学者对美国制造业中心相关数据的研究发现，资本－劳动替代弹性的高低是区域产业调整的依据，工资率较低的地区资本与劳动力的比率也较低，资本－劳动力比率是解释区域经济差异的重要指标（Frederick，1964）。德拉格兰德维尔假说认为，高替代弹性能够保证高人均产出，高人均产出保证高经济增长率。很多学者对该假说进行了验证。有学者采用超对数生产函数，对美韩 20 世纪 60～80 年代制造业资本劳动替代弹性进行了测算，研究证实韩美不同生产要素经济政策的差异导致要素替代弹性不同，替代弹性的高低导致韩美经济增长差异（Yuhn，1991）。在两国初始资源禀赋相同下，一国人均收入的高低与替代弹性的大小成正比（Klump and De La Grandville，2000）。为了进一步验证此结论，有学者对 44 个国家的替代弹性进行研究，结论证明资本丰裕国家的替代弹性大于资本贫乏国家的替代弹性，资本劳动的替代弹性与经济发展阶段有关，或者更准确地说取决于人均资本的积累程度（Duff and Papageorgiou，2000）。也有学者认为，在只有生产者的一部门经济增长模型中，即使存在不可再生资源以及技术进步缺失，当替代弹性大于 1 时同样可以实现经济增长（Theodor and Giannis，2010）。此外，替代弹性的差异来自两国不同经济政策偏向，韩国政府"增长第一，分配第二"的经济政策，导致要素市场上资本－劳动力价格的扭曲，美国劳动力节约偏向以及较低的资本－劳动替代弹性保证了美国恒定的要素分配效应。在对韩国替代弹性测算的基础上（Yuhn，1991），德拉格兰德维尔（De La Grandville，1997）进一步强调替代弹性是一个效率参数，是经济增长的引擎。他推测：日本等东亚国家的增长奇迹源于较高的资本－劳动替代弹性，这些国家虽然拥有较高的储蓄率和先进的技术，但这并不是其必然原因。在企业条件不变的前提下，要素替代对经济的作用体现在：第一，不同的资本密集度下，替代弹性提高后的人均收入将高于替代弹性保持不变时可能的人均收入，经济增长率上升；第二，稳态假设存在，替代弹性提高后的稳定状态，资本密集度和人均收入将高于替代弹性保持不变时可能的资本密集度和人均收入（De La Grandville and Klump，2000）。

与国外相比，或由于数据获得性和一致性以及估计模型的选择等的约束，国内的相关研究仍存在较多空缺，但也有相关学者进行了有益的尝试。张明海（2002）对中国 1978～1999 年的要素替代弹性进行了估计，他认为要素替代弹性反映了市场机制对要素配置的作用深度，市场化在推动要素替代弹性上升的同时推动了经济的增长，20 世纪 90 年代中国要素配置的市场化改革对经济增长的贡献率达 18.4%。孙中栋（2007）基于德拉格兰德维尔假说，运用 CES 生产函数以及技术为外生变量，对中国东西部劳动－资本的产出弹性进行测算，发现要素替代弹性的东西部差异同步于经济增长差异，提出缩小区域经济差异可以通过减小替代弹性来实现。史红亮等（2010）基于超越对数生产函数，对我国 1978～2008 年间钢铁行业的能源－资本－劳动的替代弹性进行分析，指出我国工业能源和资本存在高替代弹性，企业可以通过加大节能技术投资来减少能源的消耗。陈晓玲和连玉君（2012）采用标准 CES 生产函数对中国 1978～2008 年的省际数据对德拉格兰德维尔假说进行了检验，得出了具有较高替代弹性的省份经济增长率较高的结论。钟世川（2014）基于内生经济理论，采用 CES 生产函数，建立包含劳动增强型技术指数的生产函数，对中国改革开放后 30 年的要素替代弹性、技术进步偏向与工业经济增长的关系进行了研究，得出替代弹性、技术进步偏向与经济增长正相关的结论。当前经济变革不仅要关注技术进步、经济结构优化，也要重视要素替代与经济增长的关联性。郑猛（2015）认为 CES 由于替代弹性不变而先天不足，因而将有偏技术进步引入 CES，创建了可变替代弹性函数，并同时估算了 1985~2012 年中国 28 个省份的要素替代弹性，结果显示我国的资本劳动替代弹性与劳动资本呈现正向线性关系且要素替代弹性对经济增长起到了促进作用，德拉格兰德维尔假说进一步得以验证。此外，也有学者关注要素替代与产业发展的关系。陈治国等（2015 年）运用超越对数函数，探讨了西北民族地区农业生产要素替代弹性与技术进步差异，实证得出农业生产要素配置效率的提高可以促进相关经济的增长。郑猛（2015）针对中国制造业的劳动工资高、能源价格上涨的问题，通过超越对数生产函数，分析不同技术偏向下生产要素替代对中国制造业成本的影响。

2.3.3 要素替代与经济增长收敛的研究

收敛是经济增长研究中的核心问题，经济增长收敛主要关注国家以及区域间的收入趋同、增长稳态等问题，多应用于对区域经济增长趋势的相关研究。由于要素替代弹性与经济增长相关，学者也将要素替代弹性应用于经济增长收敛的研究过程中。有学者认为资本 - 劳动替代弹性在收敛速度达到稳定状态时，要素替代弹性的大小会影响经济增长的收敛速度（Ramanathan，1975）。此外，假设两国具有相同的初始条件，具有较高替代弹性的国家在经济达到稳态时拥有较高的人均收入（Klump and de La Grandville，2000）。在理论上，要素的相对价格变化越大，要素在不同区域间的资源流动越强（De La Grand-ville，1989）。经济增长的收敛速度随要素替代弹性的变化而变化，当要素替代弹性较小时，经济增长的收敛速度较高；当要素替代弹性较大时，经济增长的收敛速度较低（Turnovsky，2002）。此外，有学者认为要素替代弹性影响经济增长的收敛速度受资本份额、劳动力水平等因素的影响。要素替代弹性通过资本份额影响经济增长达到稳态时的收敛速度、经济增长的收敛速度与资本份额负相关，资本份额越大，资本平均产品下降的速度越快（Ramanathan，1975）。也有学者基于 CES 生产模型，研究人力资本、物质资本以及劳动力之间的要素替代弹性对经济增长收敛速度的影响，认为当劳动力资本基准水平大于稳态水平时，较高的替代弹性会导致更高的收敛速度（Daniels，2013）。此外，当放宽资本储蓄水平时，替代弹性对均衡增长率和收敛速度的影响取决于生产要素的初始水平。

2.4　要素替代、技术进步偏向与物流产业增长

物流产业早在一个多世纪前马克思在关于运输经济理论中就有论述，他认为物流业是有目的地改变人和物空间位置的产业，是社会进步的一般条件。自古以来，人和物在空间的运输能力与社会经济发展水平相适应，经济发展的历史从来都是一部部经济与物质流通共兴衰的"命运交响曲"（韩彪，1992）。作为生产性服务业，以往对物流产业的研究多关注物流效率，而忽略了要素替代弹性及物流技术进步偏向。

2.4.1　物流技术进步与产业生产率的相关研究

物流技术进步对产业生产率的提升有助于人员、资本在区域间流动，提高资源配置效率，最终促进经济增长。然而，物流业长期的粗放式发展阻碍了物流资源的有效配置，提高了流通的费用，延长了流通的时间，进而直接影响商品流通速度。物流技术进步通过提高要素

的配置效率和生产率来提高经济增长，对物流技术进步和生产率的讨论，是实现物流产业经济增长方式转型成功的关键。

经济增长方式转型和全要素生产率的提高是当前国民经济研究的热点，全要素生产率研究涵盖资本、劳动力、能源消耗等全部要素资源。美国经济学家法雷尔（Farrell，1957）最早对全要素生产率进行了研究，并认为全要素生产率即产出量与投入量之比。此后，索洛（1957）提出了索洛余值法用来测算全要素生产率，并将技术进步纳入经济增长的范畴。在对技术进步和生产率的研究过程中，由于技术进步与全要素生产率有着密切的关系，相关文献通常用全要素生产率来估计技术进步对经济增长的作用。从技术进步与全要素生产率的作用机制来看，技术进步的偏向性通过改变不同要素间的边际替代率来改变其投入和产出，进而影响全要素生产率。当技术进步偏向与要素禀赋相适应时，可以提高充裕要素的边际生产率，进而有助于全要素生产率的提高；反之，则会对全要素生产率造成损失。然而，以索洛余值法来测算的全要素生产率以中性技术进步为特征，并不能解释经济增长质量的全部，实际上，资本体现式技术进步是生产率增长的重要来源，但在很长时间内并没有引起学术界的关注（王林辉、董直庆，2012）。

物流产业的特征在于其通过集成物流服务、整合物流资源、提供信息服务，通过降低物流成本提高物流效率来实现资本增值，很多学者对中国物流业的效率水平进行了研究，认为物流业全要素生产率水平很大程度上受所处区域经济社会条件、要素资源禀赋的影响，技术水平的无效率加深也是物流业全要素生产率增长缓慢的根源（董誉文、徐从才，2017）。学者多使用 DEA-Malmquist 方法研究物流产业效率，余思勤等（2004）采用 DEA 方法对影响交通运输生产率进行了核算，并对影响各细分行业效率水平的影响因素进行了实证分析，研究表明技术进步有助于交通运输业生产效率的提升。刘玉海等（2008）对中国道路运输业的营运效率进行研究后发现，技术进步水平和交通运输业营运效率的增长机制存在一定的不稳定性，中国交通运输业的低效率几乎是由技术进步水平的降低导致的。王亚华等（2008）采用研究效率水平的 DEA-Malmquist 方法测算了中国交通运输业的生产率水平和技术效率的变动区间。由此可见，技术进步水平是影响行业生产率水平的关键，此后，学者对物流产业的关注点开始从产业效率向技术效率转移，并开始尝试对技术进步偏向进行研究。田刚、李南（2009）是较早将生产要素与物流技术进步进行结合的学者，他们认为技术进步是物流产业增长的动力，我国东部、中部、西部三大区域间的物流效率呈发散的趋势，要素投入拥挤和资源浪费是造成技术效率低下的重要原因。但值得一提的是，技术进步的要素投入偏向并没有在其文中体现，同时忽视了要素替代弹性对技术进步的影响。余泳泽、刘秉镰（2010）采用 SFA 模型对中国物流产业的全要素生产率进行评价，认为技术进步是影响物流产业效率的重要因素，这与田刚、李南的研究结论相似。欧阳小迅、黄福华（2014）在考虑外部环境因素的基础上，基于 DEA 的非参数 Malmquist 指数方法对中国物流产业技术进步的水平进行了测算，并提出中国物流产业在 2000～2011 年的技术进步偏向实现了由劳动增强型向资本增强型的转变。可见，当前有关物流技术进步的研究，多建立在技术进步中性的假设前提下，着眼于中性技术进步对物流产业全要素生产率贡献的测度，缺乏结合物流技术进步偏向性来研究产业增长的系统性成果。

2.4.2　生产要素配置与物流技术进步偏向

在探讨物流技术进步的要素投入偏向时，应遵循要素禀赋论的观点。要素禀赋理论强调技术进步与生产要素的适度匹配，区域物流产业的发展应选择与当地要素禀赋相匹配的生产要素。关于技术进步和要素禀赋的研究始于 20 世纪 30 年代，希克斯（Hicks，1932）最早在《工资理论》中提出了与技术进步偏向相关的"诱致性创新理论"，认为要素价格的变化会对技术变革产生诱致性作用，要素的稀缺性通过要素价格进行传导，从而诱导技术进步偏向于使用丰裕的生产要素。有学者认为诱致性创新理论建立在要素价格相对变化的基础上，并在 Hicks 诱致性创新理论的基础上提出"创新可能性边界"的概念（Kennedy，1964）。然而，在早期诱致性技术进步的研究中，关于生产函数的形式、要素禀赋、要素投入与要素价格的关系并没有具体阐述。速水·佑次郎、弗农·拉坦（2001）将此进行论述，认为诱致性技术创新有利于充裕生产要素对稀缺生产要素进行替代的技术变革，并认为当要素相对价格与要素的使用份额负相关时，技术进步满足诱致性假设。此后，由于缺乏微观基础，大部分增长模型对技术进步的研究仍以中性技术进步为前提，认为技术进步对各生产要素边际生产率的影响无差异。然而，这与经济现实并不相符，资源禀赋在各区域的非均衡分布，在多数情况下，资源禀赋差异将引导技术进步偏向于某一生产要素。

近年来，随着内生技术变迁理论的发展，技术进步的偏向性及其决定因素逐渐受到经济学家的关注。德拉格兰德维尔（De La Grandvill，1989）将有偏技术进步引入经济增长的研究框架，并将技术进步的偏向性与经济增长的关系进行了论证。阿西莫格鲁（Acemoglu，2003）认为技术进步偏向受价格和市场规模的影响，在价格效应的引导下，技术创新偏向于稀缺资源，而在市场规模效应的引导下，技术创新偏向于丰裕的资源。基于此，主流经济学派在要素增强型技术进步的假设下，对欧美发达国家国民经济以及各行业的技术进步偏向进行了研究。有学者通过对 1970～2003 年 12 个经济合作发展组织（OECD）国家技术进步偏向的经验研究证明，当技术进步偏向于当地丰富的生产要素时，有助于全要素生产率的提高；当技术进步偏向于稀缺要素的使用时，则会降低当地的全要素生产率（Antonelli and Quatraro，2010）。可见，强化要素禀赋及技术进步偏向，对研究如何提高物流产业效率，进而提升产业产出具有重要的意义。相比之下，发展中国家对技术进步偏向、要素禀赋及其对产业增长影响的研究相对较少。林毅夫（2002）认为中国技术创新模式选择应该遵循比较优势，一个国家的技术选择应与要素禀赋相匹配，技术才具有自生能力。

近年来，学界开始逐渐关注中国的技术进步偏向以及要素禀赋等相关问题。从现有研究来看，国内学者对技术进步的偏向性已有共识，除个别年份外，中国的技术进步大体偏向于资本，这与欧美等发达国家的研究结论类似。此外，技术进步偏向往往存在明显的行业差异，现有研究多关注工业以及农业技术进步偏向，对技术进步偏向的产业差异研究不足，对技术进步偏向与要素禀赋是否存在错配的研究，鲜有关注，而这正是导致产业生产率损失的重要原因。有学者对中国 12400 家企业的研究发现，在不增加要素投入的前提下，降低资本的错配程度，可使中国的全要素生产率（TFP）增加 5%（Dollar and Wei，2007）。也有学者对中国及印度制造业的研究发现，要素错配对两国制造业全要素生产率造成的损失分别为 30%～50% 和 40%～60%（Hsieh and Klenow，2009）。董直庆等（2014）对 1978～2010 年中国分行业劳动力错配及其对 TFP 影响的研究发现，不同行业的劳动力要素扭曲程度不同且均出现了劳动力错配现象，不同行业的劳动力错配使生产率平均降低约 20%。

从物流产业的要素配置来看，随着人口红利的减少，中国劳动力要素稀缺，人力成本上升等制约因素逐渐显现。遵循要素禀赋理论，在要素市场有效的前提下，物流技术进步必将偏向于某一生产要素。从当前的研究成果来看，对物流产业的相关研究，仍以中性技术进步假设为前提，结合技术进步偏向探讨物流产业要素替代弹性的研究还不多见。

2.4.3 要素替代弹性与物流产业增长

对经济增长的研究，很多学者更倾向于单一要素的主要作用，而忽视了不同要素之间以及同一要素不同因子间的替代作用对经济增长的影响作用。当前，中国经济发展正面临从速度到质量的转变，这对物流产业的发展提出了新的要求，物流产业迫切需要通过增长来实现产业地位的提升。然而，在当前劳动力供给缺乏、物流成本居高不下的情况下，如何通过技术创新和优化要素配置来降低成本、提升产业效率是物流业取得应有产业地位的关键。

从现有研究来看，虽不乏物流产业相关的文献，但学者对于物流产业要素替代弹性及其增长效应和收敛性的研究并没有给予应有的关注，要素替代弹性的产业研究多集中在工业以及农业。钟世川（2014）将要素替代弹性应用于工业经济增长的研究，对改革开放以来中国工业经济的要素替代弹性进行测算，并从工业行业领域为德拉格兰德维尔假说提供了证据，即要素替代弹性的提高有利于工业经济的增长。刘岳平、钟世川（2016）认为，受要素禀赋结构的影响，农业劳动力的大量外流导致资本对劳动力的强制替代，这是农业要素替代弹性显著大于1的重要原因。通过进一步研究发现资本对劳动力的有效替代能促进农业经济增长，其原因在于农业资本对劳动力的替代能通过优化要素投入结构来缓解劳动力投入的不足，在提高农业全要素生产率的基础上促进农业经济增长。张月玲、林锋（2017）从要素异质性的视角出发，对要素替代弹性及其对经济增长效应进行探讨，认为尽管三大区域的资本、劳动力以及技能之间的替代弹性显著不同，要素替代弹性变化的增长效应存在着区域差异，但其增长效应具有一致性。此外，他们认为要素替代弹性变迁反映了要素禀赋结构的转变，要素禀赋结构变化与技术进步的动态匹配是产业持续增长的动力。可见，学者对农业、工业要素替代弹性的研究进一步证实了德拉格兰德维尔假说在不同产业的适用性，丰富了要素替代弹性的研究领域，然而，将要素替代弹性应用到物流产业的研究寥寥可数。欧阳小迅（2014）等虽对中国区域物流技术进步的偏向选择及地区差异进行了分析，但遗憾的是，要素替代弹性并没有被纳入研究的范畴。韩彪、王云霞（2017）将要素替代弹性理论应用到流通领域的相关研究，对改革开放以来物流产业的资本－劳动替代弹性进行测算，并在此基础上将要素替代弹性与物流产业增长的关系进行了论证，认为物流产业的资本－劳动替代弹性是互补的，且存在东高西低的分布格局，资本－劳动替代弹性的提高有助于物流产业的发展，这与其他产业的研究结论基本一致。

值得注意的是，相较于要素的多寡，要素如何配置对产业发展起到更为关键的作用。对物流产业而言，随着国内劳动力工资水平的不断提高，资本不断替代劳动力将是产业发展的必然趋势，然而，受技术水平以及要素投入的约束，资本对劳动力的可替代性不可能是无限度的。那么，在物流技术进步水平不可能在短期内取得突破性进展的情况下，各地区物流产业的资本－劳动替代弹性如何以及存在怎样的发展趋势，生产要素的可替代性对产业发展的增长效应以及收敛性如何等问题，值得深入探索。

2.5　小　　结

对要素替代弹性与技术进步的研究存在于不同的经济学研究框架中。替代弹性的研究以古典政治经济学或内生经济增长理论为基础，古典政治经济学认为经济增长的动力在于分工，技术进步是外生变量，分工促进劳动生产率提高。内生经济增长理论强调资本积累及技术进步对经济增长的促进作用，并将技术进步纳入内生经济增长理论模型。通过对比分析现有学者的研究结论可知，技术进步并不是中性的，由于技术进步对生产要素的投入以及资本积累的影响不同，技术进步通常会偏向于某一生产要素。在考虑有偏技术进步的假设前提下，要素替代弹性对经济增长的作用主要通过要素替代的效率效应和分配效应。通过对国内外文献的梳理，在对要素替代弹性及其对经济增长的影响机制深入理解的同时，从理论及实证两方面对现有文献进行探讨。

从相关理论研究来看，学者多关注要素替代弹性的测算以及要素替代弹性对经济增长影响等问题，对要素替代弹性影响经济增长的路径、机理阐述较少。在对产业相关领域的要素替代弹性进行测算时，多以中性技术进步为假设前提，对技术进步的偏向性少有涉足或并没有将技术进步引入。因此，本书在对经济增长机制和增长动力的研究过程中，以内生经济增长理论为出发点，对要素替代弹性影响产业增长的机理进行深入阐述，这是研究有偏技术进步下物流产业要素替代弹性及其增长效应的理论基础。此外，结合技术进步的偏向性，从要素价格引导的直接要素替代和技术进步创新诱导的间接要素替代两方面对物流产业的要素替代弹性进行分解，为物流产业要素替代弹性的研究提供了一个新的视角。

从实证研究来看，国内外学者对物流产业要素替代弹性的研究，有以下几点值得深入思考。

首先，国内外学者对要素替代弹性的测算大致经历了三个阶段。第一，在中性技术进步的假设前提下，资本和劳动力的替代弹性为1；第二，中性技术进步的假设前提下，要素替代弹性随要素的价格变化而变化；第三，认为技术进步是有偏的，技术进步的方向沿着要素相对价格变化的轨迹前进，技术进步在产业层面由于区域要素禀赋的不同而偏向于某一生产要素，对要素替代弹性的研究建立在偏向技术进步的基础上。在研究过程中，大多学者采用标准化的 C-D 以及 CES 生产函数进行要素替代弹性的测算，由于技术进步假设和模型选择的不同，导致研究结果存在很大的争议，弹性的估算结果也存在一定的偏误。对生产要素之间以什么样的关系（替代还是互补）存在，以及要素替代弹性的大小并无定论。

其次，要素替代弹性在国家、区域以及产业层面具有显著的差异性。国家之间以及区域之间不仅在人文、地理方面存在差异，产业结构、资本收益率等因素同样存在异质性，进而影响不同生产要素的投入水平。此外，经济增长函数的假设前提不同以及数据统计口径的不一致等因素也会造成国与国之间、同一国家的不同区域之间、同一区域的不同产业之间的资本－劳动替代弹性测算结果不尽相同。然而，从现有研究来看，缺乏对不同区域要素替代弹性及其变化规律研究的文献。根据国外学者的测算，要素替代弹性存在时变性，在不同的研究阶段要素替代弹性的估计变化较大，但是从国外的研究看，并没有关于时变差异的深入研究，这种时变性差异是否与产业发展特征以及宏观经济政策相关，值得进一步研究。鉴于此，在研究物流产业的要素替代弹性时，结合技术进步的偏向性，有必要在对物流产业要素替代弹性进行测算的基础上，结合产业特征对要素替代弹性的区域发展差异、时间变化趋势进行深入分析。

最后，要素替代弹性有助于经济增长的结论，已经得到很多学者的证实，然而，对要素替代与经济增长关系的论证，主要关注要素替代弹性与宏观经济增长效应之间的关系，结合要素替代弹性对物流产业增长以及对区域物流产业发展差异进行的相关研究较为缺乏。迄今为止，并未发现结合要素替代弹性对区域物流产业发展进行研究的系统性成果。在产业层面上，现有研究多关注工业以及农业物流产业要素替代弹性的测算，缺乏对物流产业应有的关注。然而，正如前文提及，物流产业有助于各生产要素的在区域间的流动，是中国各产业发展的桥梁。因此，结合技术进步偏向，测算物流产业的要素替代弹性，研究要素替代弹性对物流产业的增长效应，并进一步探讨要素替代弹性对区域物流产业增长收敛的影响，是对物流产业研究领域的拓展和有益尝试。

可见，相关文献为物流产业要素替代弹性的测算以及要素替代弹性对物流产业增长影响的相关研究提供了良好的参考，但仍存在以下值得改进的地方。

（1）现有文献针对物流产业开展的研究，仍以中性技术进步假设为前提，对有偏技术进步的忽视容易导致研究结论存在偏误。本书尝试从有偏技术进步出发，对物流产业要素替代弹性进行测算，分析物流产业要素替代弹性的时变性及区域差异，并进一步分析要素替代弹性对物流产业的增长效应。

（2）从研究内容看，本书在研究物流产业要素替代弹性及其增长效应的基础上，进一步延伸到要素替代弹性对物流产业增长收敛性的分析，这是对区域物流产业发展差异分析的有益尝试。

（3）从方法的选择来看，CES 生产函数没有将资本深化作为解释增长效应的变量，且具有替代弹性不变的先天缺陷，VES 生产函数的替代弹性可随要素投入比例的变化而变化，可以更好地弥补该缺陷。

第 3 章

技术进步偏向、要素替代弹性与
经济增长的影响机理

直接效应和诱致性技术创新效应是导致要素替代产生的两个根源，且从效率效应和分配效应两方面影响经济增长。本章将重点分析要素替代影响经济增长的作用机制，并进一步对要素替代弹性影响经济增长的理论进行拓展，归纳和总结要素替代弹性影响经济增长的传导机制。

3.1 要素替代的相关理论分析

希克斯（Hicks，1932）在《工资理论》中最早论述了要素价格对技术进步的影响，认为高的工资水平会诱发劳动节约型技术进步，并提出要素价格的相对变动导致要素投入的变动，要素替代随之发生。要素价格的相对变动对要素替代的影响主要反映在两个层面上，一是由于技术创新无法在短期内实现，在现有技术水平下，当要素价格发生变化时，厂商通过调整要素投入的组合实现在当前要素配比组合下的最优产出，这是要素替代中的直接替代效应；二是随着要素投入的变化，厂商会寻求可以减少要素投入的技术革新，使要素在更大范围内进行替代，这是由要素价格变化引发的诱致性技术创新效应。为深入研究要素替代的机理，下面将从要素替代的直接替代效应和诱致性技术创新效应进行分析。

3.1.1 要素替代的直接效应

由经济学理论可知，要素替代弹性反映要素边际投入对要素价格的敏感程度，从理性经济人的角度出发，当生产过程中某一生产要素的价格发生变化时，在生产技术水平无法在短期内取得重大突破的前提下，厂商将会调整生产要素的投入配比来维持生产的最优化，且主要通过两种途径来实现：一是维持生产成本不变，减少价格昂贵的生产要素的使用；二是维持总产量不变，由于生产成本提高而导致要素替代。由于这两种替代方式主要是要素的直接替代，因此称之为要素替代的直接效应。为进一步形象描述在上述两种情形下，资本和劳动力两种生产要素价格变化对要素替代的影响，下面在图 3－1 和图 3－2 中分别展示生产成本不变以及产量不变两种情况下的要素替代过程。

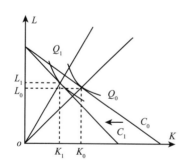
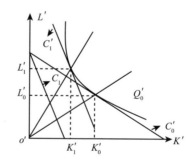

图 3－1　生产成本不变的要素替代　　图 3－2　产量不变的要素替代

图 3－1 为假设在劳动力价格不变而资本要素价格上涨的情况下，厂商为控制生产成本不变，资本和劳动力的投入组合发生变化。在初始最优生产条件下，等产量线为 Q_0，成本线为 C_0，劳动投入和资本投

入分别为L_0和K_0。当资本价格上涨而导致生产状态失衡时，在成本不变的约束条件下，劳动力投入的最大数量保持不变，而资本要素的最大投入量将会减少。此时，在总成本不变的前提下，成本预算线将由C_0向C_1转移。为实现既定成本条件下的产量最大化，厂商将选择最优的生产组合，使得资本和劳动力的边际替代率等于两种要素的价格之比。在图 3 - 1 中表现为等产量曲线从Q_0向左移动至曲线Q_1，此时从均衡（K_0，L_0）到达新的均衡（K_1，L_1），并与新的预算线C_1相切。此时，从图上可以看出，资本的使用量由价格的上升而减少，而劳动力的使用量在资本使用量减少的情况下，出现了劳动力对资本的替代，劳动力的使用量上升，在图中表现为从原点出发的射线的斜率增加了。可见，在厂商总成本不变的最优机制下，一种生产要素价格的上升会导致另外一种生产要素对另一种要素的替代。当劳动力价格上涨时，在成本不变的约束下，会出现资本对劳动力的替代，原理同资本价格上涨，在此不再赘述。

图 3 - 2 为当资本价格上涨而厂商保持产量不变的情况下，资本和劳动力的投入组合发生变化的情形。在初始最优条件下，等产量线为Q_0'，成本线为C_0'，劳动投入和资本投入分别为L_0'和K_0'。假设在资本价格上涨而劳动力价格保持不变的情况下，在既定总预算成本约束不变的情况下，劳动力投入的最大数量保持不变，资本要素的最大投入量将会减少，在图中表现为成本预算线将由C_0'向C_1转移，然而在成本约束为C_1的条件下无法维持产量保持不变的Q_0'水平。厂商为实现产量保持不变只能提高生产成本，在资本价格上涨的情况下，厂商的最优要素组合需满足要素的边际替代率等于要素的价格之比，只有当成本线与等产量曲线Q_0'相切时，可以满足该条件。在图 3 - 2 中表现为成本线由C_1向右移动至C_1'，这时可达到厂商的最优生产组合，这时资本和劳动力的要素组合从均衡（K_0'，L_0'）到达新的均衡（K_1'，L_1'），这时资本的投入量由于价格的上升而减少，劳动力的投入量上升。可见，为维持产量不变，厂商倾向于使用生产要素价格较低的生产要

素，在图上表现为从原点出发的射线的斜率增加。同样，在劳动成本上升的情况下，厂商为保持产出量不变，同样会出现资本对劳动力的替代，在此不再赘述。

通过分析可知，当生产要素的价格发生变化时，厂商通常会选择成本不变下的产量最大化和产量不变下的成本最小化两种最优决策，这两种决策的结果都会导致一种要素对另一种要素的替代。可见，在短期时间内，调整要素的投入比例是厂商面对生产要素价格上涨时的直接反应，如果生产要素的价格持续上涨导致价格持续失衡，直接调整要素的投入比例来实现生产要素的替代作用是有限的。此时，厂商会通过加大资本投入的手段来实现对昂贵生产要素使用的技术创新，进而实现在保持产量不变的情况下可以使用更少的相对昂贵的要素，以达到节约或维持成本不变的目的，这种由要素相对价格变化导致的技术创新为诱致性技术创新效应。

3.1.2　要素替代的诱致性技术创新效应

1. 诱致性技术创新理论的发展

关于要素替代的诱致性技术创新理论萌芽于 20 世纪 30 年代且由厂商理论发展而来，并将厂商利润最大化纳入诱致性创新理论，到 20 世纪六七十年代得到进一步的关注，并广泛应用于对各国农业技术变革的考察。对诱致性技术创新的研究主要有两大分支，一个分支是施莫克勒－格里利切斯（Schmookler-Griliches）假说，该理论也称为市场需求引致的技术创新理论，其关注点在于增长的产品需求对技术变革速度的影响，强调市场需求对技术创新的决定作用。有学者将该理论应用于美国农业技术进步的研究，并将市场需求在技术创新过程中的作用进行了描述（Griliches，1957）。也有学者支持市场对创新的作用，并且非常肯定地指出诱导技术创新的力量在于市场，而不是基础科学知识（Schmookler，1966）。然而，该假说由于缺乏经验分析和良好的理论基础，并没有被广泛应用且被遭受质疑，如谢勒（Scherer，1982）指出在需求和诱致性技术创新之间不存在必然的联系。有关诱致性技术创新理论的另一个分支为"希克斯－速水－拉坦－宾斯旺格"（Hicks-Hayami-Ruttan-Binswager）假说，该理论的关注点在于由相对资源稀缺变化引起的要素价格变化所诱导的要素节约偏向，也称为要素稀缺引致的技术创新理论。该假设的发展经历了两个发展阶段，第一阶段主要以希克斯、阿马德以及宾斯旺格三位学者理论为关注的重点，该理论的雏形是希克斯在《工资理论》中提出的诱致性发明的概念，并对诱致性发明产生的动机进行了分析。他认为在厂商的生产过程中，为追求较高的利润，厂商通常会倾向于价格相对较低的生产要素并减少价格相对昂贵生产要素的使用，节约生产成本的动机诱发技术创新。并指出，由于欧洲工会组织的强大力量，在生产过程中，获取高额利润的原始冲动驱使技术创新朝有利于减少劳动力使用的方向发展，而该种诱致性技术创新发明是推动资本投入迅速发展的原因。虽然希克斯提出了诱致性创新的概念雏形，但是在很长时间内并没有得到应有的重视和发展，其原因在于缺乏对要素价格变化对诱致性技术创新作用机制的解释。直到 20 世纪 60 年代，斯莱特（Slater，1960）对技术变革与生产效率的研究以及肯尼迪（Kennedy，1964）对诱致性技术创新理论在分配领域的研究，将西方学者关注的焦点再次引向了诱致性创新理论。阿马德（Ahmad，1966）在希克斯诱致性创新发明的基础上，首次提出了创新可能性曲线（Innovation Possibility Curve）和诱致性技术创新的理论框架，并对创新可能性曲线的概念进行了归纳，该理论框架被学者称之为"希克斯－阿马德"诱致性技术创新理论。随后，在此理论框架基础上，有学者将微观经济学的相关理论与诱致性技术创新理论相结合，对诱致性技术创新产生的作用机理进行了完善（Biswanger，1974，1978）。与阿马德（Ahmad）的理论框架相比，宾斯旺格（Binswanger）的理论创新突破了以节约要素为前提的成本固定假设，并在此基础上分析市场需求以及要素价格变化对技术创新的影响，在对希克斯－阿马德模型和施莫克勒－格里利切斯假说进行丰富和完善的基础上，提出了希克斯－阿马德－宾斯旺格的诱致性创新理论体系。然而，该理论体系也遭受到了学者的质疑，认为希克斯－阿马德－宾斯旺格诱致性技术创新理论建立在微观厂商理论的基础之上，因此关注的重点在于私人厂商而忽略了技术创新在产业领域的应用。为了弥补这一缺陷，有学者将诱致性技术创新理论应用于农业领域，研究农业技术变迁理论及其影响因素，他们认为资本、劳动力、土地以及技术是农业生产的要素，要素禀赋影响农业增长的速度。当要素价格提高时会影响其产出弹性，因而影响农产品产量的提升，当要素价格具有刚性并且很难在短期内下降时，突破的方式只能是农业技术的变革，技术创新将围绕着节约少而贵的生产要素来进行，从而缓解生产要素对农业发展产生的限制（Hayami and Ruttan，1970，1985）。更进一步，国与国之间由于要素禀赋和要素价格不同，要素对技术进步诱导的创新路径也不同，美国农业主要是以节约劳动为技术创新的方向，而日本则主要以节约土地为技术创新的方向。此外，诱致性技术创新过程是随要素价格的相对变化而不断调整的过程，要素之间价格的不平衡是推动农业增长的关键因素，这为诱致性创新理论的研究提供了新的研究视角和思路，学术界普遍将诱致性技术创新理论称为"希克斯－速水－拉坦－宾斯旺格假说"。

2. 要素替代的诱致性技术创新效应的作用机理

诱致性技术创新理论的基本理论内涵是当一种要素的价格相对于另一种要素价格上涨时，技术进步将导致丰富的生产要素对稀缺生产要素的替代。在市场经济条件下，受要素价格变化的诱导，生产者将致力于寻找能够替代稀缺生产要素的技术选择。阿马德（Ahmad，1966）借助创新可能性曲线对要素价格变化诱导技术创新，进而对影响要素之间的相互替代的作用机制进行了阐述。创新可能性曲线是所有可供选择的等产量曲线的包络线，该包络线代表了相同的产量和相

同技术水平，但生产要素的组合不同。假定当创新可能性曲线随时间
的推移而发生变动时，等产量线的最优选择随着创新可能性曲线的变
动而变动。在技术水平一定的情况下，当生产达到均衡时，创新可能
性曲线与价格线的切点决定了等产量线的选择。如果一种生产要素相
对于另一种生产要素价格上升，所选择的等产量线将表现出使用较多
相对廉价的生产要素来替代相对昂贵的生产要素的特征，反之亦然。
为更形象地描述此过程，在假设仅存在资本和劳动力两种生产要素的
前提下，将要素相对价格变化诱导技术变革的机制在图 3 - 3 中表示。

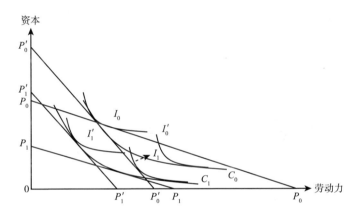

图 3 - 3 要素相对价格诱发技术创新的作用机理

如图 3 - 3 所示，假设在只有资本和劳动力两种生产要素的情况
下，基期的等产量曲线为 I_0 和 I_0'，创新可能性曲线为 C_0，价格曲线为
P_0P_0；第 1 期的等产量曲线为 I_1 和 I_1'，创新可能性曲线为 C_1，价格曲
线为 $P_0'P_0'$。在基期均衡状态时，等产量曲线 I_0 与价格曲线 P_0P_0 相切，
并同时与创新可能性曲线 C_0 相切，当劳动力价格相对于资本价格上升
时，价格曲线会朝着有利于节省劳动力的方向转动到价格曲线 $P_0'P_0'$，
由于技术进步很难在短时期内取得进步，因此在技术创新出现之前，
厂商只能沿着等产量线 I_0 进行生产，价格变动后的均衡点为价格曲线
$P_0'P_0'$ 与等产量曲线 I_0 的切点，此时两种生产要素使用量在均衡点有一
个取值即为直接替代效应。随着时间的推移，出于对昂贵生产要素的

节约，厂商加大对技术进步的投入，创新可能性曲线朝节省生产要素的方向移动到C_1，在现行要素价格$P_1'P_1' = P_0'P_0'$的情况下，技术最优选择的等产量曲线为I_1'，其均衡点为要素价格曲线与等产量线I_1'的切点，I_1'与I_1相比较，由于I_1和I_1'处于相同的创新可能性曲线C_1，I_1'比I_1使用较少的劳动力。可见，当要素价格上升时，技术创新将倾向于减少使用昂贵的生产要素。

综上所述，当要素相对价格发生变化时，技术进步往往会朝节省相对昂贵生产要素的方向发展，由于生产要素之间存在可替代性，价格相对下降的生产要素将会替代价格相对上升的生产要素，从而导致价格相对下降的生产要素使用量随之上升，这就是要素价格变化引致技术创新产生的替代效应。

3.2 要素替代对经济增长效应的分解：效率效应和分配效应

中国经济增长在很长一段时间内时处于要素驱动的阶段，要素对经济增长的驱动不仅表现为各要素对经济增长贡献率的提高，同时表现为要素间的融合与替代。值得注意的是，相较于单一要素数量的多寡，要素配置对经济增长的作用更是引起学者的关注。通过对要素替代的微观机理分析可知，要素之间的替代主要通过价格效应－技术进步偏向选择－替代效应的传导机制进行。此外，要素替代弹性反映要素投入对价格的敏感程度，在促进经济增长的同时会影响各要素的收入占比，认为要素替代对经济增长的影响主要由效率效应和分配效应来决定（Irmen and Klump，2007）。在此基础上提出，要素替代弹性的提高有助于要素产出水平的提高，称为要素替代对经济增长的效率效应，效率效应对经济增长的影响为正；要素替代通过改变资本的积累速度来改变要素收入份额的分配，称为要素替代对经济增长的分配效应，分配效应对经济增长的正负取决于特定的储蓄假说。本节将借助 CES 生产函数，对要素替代对经济增长的效率效应和分配效应进行推导和分析。

3.2.1　对效率效应和分配效应的理论推导

本节重点讲述要素替代弹性的效率效应和分配效应，借鉴阿罗（Arrow，1961）的 CES 生产函数进行说明如下。

$$Y = C\left[aK^\rho + (1-a)L^\rho\right]^{\frac{1}{\rho}}, 其中\ C > 0, 1 > a > 0, 1 > \rho > -\infty$$
$$(3-1)$$

其中，a 为资本占要素投入的比重，要素替代弹性 $\sigma = \dfrac{1}{1-\rho}$。假定生产函数的规模报酬不变，$y_t = \dfrac{Y_t}{L_t}$ 表示人均产出水平，$k_t = \dfrac{K_t}{L_t}$ 表示人均资本存量，资本、劳动的边际替代率 $\overline{m} = m(\overline{k}) = \dfrac{f(\overline{k}) - \overline{k}f'(\overline{k})}{f'(\overline{k})}$，借鉴 Klump 和 de La Grandville（2000）的做法，将（3-1）式进行标准化后得：

$$y_t = f_\sigma(k_t) = C(\sigma)\left\{a(\sigma)k_t^\rho + \left[1-a(\sigma)\right]\right\}^{\frac{1}{\rho}} \qquad (3-2)$$

将（3-2）式对时间 t 求导，可得到人均产出增长的表达式：

$$\dot{y} = \frac{df_\sigma(k_t)}{dt} = \frac{df_\sigma(k_t)}{dk_t}\frac{dk_t}{dt} = \frac{df_\sigma(k_t)}{dk_t}\dot{k} = f_\sigma'\dot{k} \qquad (3-3)$$

其中，$\dot{y}$ 和 $\dot{k}$ 分别表示人均产出的增长率以及资本积累的增长率，从（3-3）式可以看出人均产出增长率受要素替代弹性以及资本积累速度的影响。Solow 经济增长模型认为储蓄的积累来源于资本要素收入，而 Diamond 经济增长模型认为储蓄的唯一来源为劳动者的收入，对储蓄来源的分歧是两个模型对"要素替代弹性的提高是否有利于经济增长"这一论题得出相反结论的重要原因（Miyagiwa and Papageorgiou，2003）。考虑储蓄的来源不仅来自劳动力的收入，同样来源于资本要素的收入，因此资本积累速度可以定义为：

$$\dot{k} = [s_w(1-\pi_\sigma) + s_r\pi_\sigma]f_\sigma(k) - nk \qquad (3-4)$$

（3-4）式中 s_w、s_r 分别表示劳动力和资本的储蓄率，π_σ 为资本份额，n 表示劳动力的增长率，进一步将（3-4）式对 σ 求导，可得：

$$\frac{\partial \dot{k}}{\partial \sigma} = [s_w(1-\pi_\sigma) + s_r\pi_\sigma]\frac{\partial f_\sigma(k)}{\partial \sigma} + \frac{\partial[s_w(1-\pi_\sigma)+s_r\pi_\sigma]}{\partial \sigma}f_\sigma(k)$$

$$= [s_w(1-\pi_\sigma) + s_r\pi_\sigma]\frac{\partial f_\sigma(k)}{\partial \sigma} + (s_r - s_w)f_\sigma(k)\frac{\partial \pi_\sigma}{\partial \sigma} \qquad (3-5)$$

从（3-5）式可以看出，要素替代弹性对人均资本增长的影响可以分为两部分。第一部分反映要素替代弹性的效率效应，在给定收入分配的情况下，要素替代弹性上升有助于提高人均资本的产出水平；第二部分反映要素替代弹性的分配效应，在给定人均资本产出的情况下，要素替代弹性的提高会对要素的收入分配产生影响，进而影响储蓄水平和经济增长。

3.2.2 效率效应和分配效应对经济增长影响的内在机制

通过前文推导可知，要素替代对经济增长由效率效应和分配效应共同影响。郑猛（2017）认为要素替代对经济增长的效率效应主要体现在要素替代弹性的提高有助于资本边际产出的增加，分配效应则主要体现在对资本积累速度的提升。结合（3-3）式可知，当资本的边际产出增加或资本积累增加时，经济增长率随之提升。一方面，如果资本与劳动的替代弹性较大，或者说两者的相似程度较高，那么生产企业在面临资本和劳动力的相对价格变化时，能够对资本和劳动力的投入组合进行相应的调整，使用价格较低的要素，进而实现成本的最小化。此时，人均资本存量的增加并不会对资本的边际产出产生较大的实质性改变，因此可以有效地避免或者削弱由人均资本存量的增加而导致的资本边际产出递减效应。另一方面，资本和劳动力要素替代弹性的改变会直接导致资本和劳动收入份额的相应变化进而对总储蓄产生影响，而资本存量的积累又直接通过储蓄转化为投资得以实现。因此，要素替代弹性会通过影响要素收入分配进而影响人均产出。因此，在探讨要素替代增长效应时不仅需要重视要素替代作为经济增长模型中重要的技术参数作用，即直接效应，而且应该关注其在经济增长中的间接效应，不断探寻连接两者间相互关系的传导机制。

3.3 要素替代对经济增长效应的理论拓展

3.3.1 要素替代与产业结构变动

产业结构变化是经济增长过程中的普遍现象。生产要素的组合比例是决定产业结构水平的基本因素，它在一定程度上决定了不同要素密集产业的比较优势（李耀新、乌家培，1994）。从一个国家的产业结构来看，各种产业之间具有不同的要素替代弹性，当一个产业的要素替代弹性较高时，生产要素的使用更加具有灵活性，在技术可达范围内，更倾向于选择充足且廉价的生产要素。产业对生产要素的自主选择会导致生产要素在产业间的重新配置，进而推动产业结构不断升级。此外，由于产业结构不同，对要素的需求不同或导致要素收入份额的变动（龚敏、辛明辉，2018），这是要素替代弹性对产业结构变动的间接影响。根据产业结构变迁理论，随着工业和农业占国民经济比重的降低，产业结构变迁将经历"工业化——去工业化——产业结构稳定"三个阶段。

在工业化时期，由于第三产业相对不发达，对工业化时期的要素替代弹性的讨论仅考虑农业和工业两个部门。在工业化初期，假设工业和农业的资本深化和生产技术水平相同，随着资本对工业产业的投入不断加大，拥有先进技术设备的工业劳动力生产率水平将逐渐高于农业劳动力的生产率水平。此时，工业劳动力拥有较高的要素收入分配，随着工业人均资本的不断增加，劳动力由农业向工业的跨部门转移，工业部门的要素替代弹性高于农业部门的要素替代弹性。① 随着工业化水平的不断加深，在工业化后期，农业技术创新以及机械化水平不断提升，农业资本－劳动替代弹性随之发生变化。刘岳平、钟世川（2016）认为，农业资本－劳动替代弹性促进农业经济增长的直接表现形式是推动农业要素投入结构的变化。在去工业化时期，经历了工业化的资本积累之后，在假设只考虑工业和服务业的情况下，工业部门的资本较为充裕，而服务业的资本投入相对较低，工业部门过多的资本投入带来资本要素价格的下降，资本－劳动替代弹性较高，较高的替代弹性将促使工业劳动力向服务业部门流动。随着资本和劳动力在不同产业之间的流动，生产要素的跨部门流动将会减少，产业结构达到稳态。

3.3.2 要素禀赋理论——基于要素替代与技术进步偏向的视角

要素禀赋理论发端于国际贸易理论，20 世纪 30 年代瑞典经济学家赫克歇尔·俄林（B. G. Ohlin，1933）在新古典经济学派的基础上对素禀赋理论（H-O 模型）进行了系统的阐述。在经济学中，要素禀

---

① 根据龚敏、辛明辉（2018）基于要素替代弹性视角对产业结构与劳动份额的统一性研究，中国工业部门 1993～2014 年要素替代弹性均值为 1.073，农业部门 1993～2014 年要素替代弹性的均值为 0.859。

赋通常指一国或地区所拥有的生产要素的结构以及在此基础上形成的国家或区域比较优势。要素禀赋理论强调一国所拥有要素的相对比例，要素所包含的内容从古典经济学的劳动要素扩展到古典经济学的资本和劳动力两种生产要素，当前，要素禀赋理论的研究要素已经延伸到包含资本、劳动力、技术、自然资源、科研设施等在内的高级要素。要素禀赋理论又称要素比例学说，强调要素比例变动对一国对外贸易的影响，认为区域之间贸易的产生存在两个条件，第一个条件为两国的商品价格存在绝对差，第二个条件为由于各国生产要素比例使用的不同而造成商品的成本不同，因此，国与国以及区域与区域之间都会选择输出具有比较优势的商品，输入缺乏比较优势的商品。由于要素禀赋理论强调要素的相对价格影响要素的投入比例，进而影响生产者的产业选择，因此，要素禀赋理论同样被应用到产业经济的研究中。要素的价格是由供给和需求决定的，要素在区域间的流通可以减少区域间要素分布不均的缺陷，从而使各区域能有效使用各自的生产要素。此外，在土地、劳动力、资本、技术等生产要素充分、自由流通的情况下，工业往往集中在各种生产要素比较充足的地区，生产要素的有效利用将使劳动生产率提高。在俄林要素禀赋理论的基础上，雷布津斯基（Rybczynski，1955）认为当要素禀赋发生变化时，在要素价格不变的情况下，生产者会倾向于密集使用丰裕的生产要素，资源配置的变化进而影响产业结构的变化。可见，要素禀赋会影响要素的积累，而要素积累程度的不同会影响要素的可替代程度，进而影响技术进步的偏向程度，下面从要素禀赋变动与要素替代以及要素禀赋变动与技术进步偏向两个方面进行阐述。

从要素禀赋变动角度考虑要素替代，主要是考虑要素积累以及要素的丰裕程度。罗马尔（Romails，2004）在 H-O 模型以及雷布津斯基定理的基础上，研究认为要素比例是影响产业结构的重要决定因素，发展快的国家通常会更倾向于要素丰裕度较高的产业。要素禀赋和要素禀赋结构对一国产业结构构成约束条件，在要素质量不断提升的同时，新的要素组合突破原要素结构束缚是实现产业提升的关键。此外，要素禀赋在受要素比例约束的同时，同样会影响要素的收入份额，鲁晓东（2008）通过研究要素禀赋、要素收入分配与对外贸易之间的关系后发现，要素禀赋对中国的要素收入分配及差距具有较好的解释力，不同要素禀赋与对外贸易结合对要素收入分配具有显著效应。

从要素禀赋变动角度考虑技术进步偏向，主要是考虑由于要素禀赋不同而导致的技术进步的偏向程度不同，要素禀赋与技术进步的高度耦合有助于产业发展，选择与要素禀赋相适宜的技术进步类型可以最大限度地发挥生产要素的作用。艾伦（Allen，2011）认为工业革命中关键性技术创新的出现正是市场参与者根据要素禀赋进行最优选择的结果，且技术创新的方向与要素丰裕度紧密相关。魏金义（2015）对农业要素禀赋与技术进步的耦合度进行了研究，认为中国农业要素禀赋结构升级的速度落后于技术进步水平，农业技术进步与要素禀赋不完全耦合。尹今格等（2016）认为在要素替代弹性大于 1 的情况下，要素禀赋会影响中国工业的技术偏向程度。

可见，对要素替代弹性和技术进步偏向的讨论建立在要素禀赋理论的基础上，替代弹性和技术进步偏向受要素禀赋的变化而发生改变。在假设要素禀赋不变的情况下，即生产过程中使用的资本－劳动比例固定不变，技术进步为中性技术进步。然而，在现实经济活动中，要素的投入比例随要素价格的变动而不断发生变化，技术进步随之会偏向于某一生产要素。一个国家适宜采用资本密集型的技术还是劳动密集型的技术，主要取决于资本和劳动力的相对价格，当要素价格无法反映资源的稀缺程度时，则会导致产业的扭曲以及资源配置无效率（林毅夫，1995）。优化资源配置，充分利用自身的比较优势，选择适合产业发展的适宜技术，才能实现经济的高速增长。因此，选择与区域资源禀赋相协调的技术进步类型将会有效提升物流业发展效率和增长质量。

3.4　小　　结

从影响要素替代弹性的因素来看，要素之间的替代通常由要素价格进行传导，要素价格对要素替代弹性的传导机制主要包含两个层次。第一，当一种生产要素价格相对于另外一种要素价格上升时，由于技术水平无法在短期内实现突破式进展，为保持生产成本不变，要素投入组合将倾向于增加价格相对较低的生产要素而减少昂贵的生产要素，这就是要素价格变化导致要素间的直接替代，"要素价格变化——要素替代"是要素替代的直接传导路径。第二，当一种生产要素的价格在很长时间内高于另外一种生产要素的价格时，生产者或厂商将加大技术投入来减少生产要素的投入，此时技术进步将偏向于减少使用昂贵的生产要素。这就是要素价格变动诱发技术创新，进而导致生产要素的替代。"要素价格变化——技术创新——要素替代"是诱致性技术创新导致要素替代的间接传导路径。可见，要素替代的方向与要素价格的变化方向和技术进步偏向密切相关。

要素替代对经济增长的影响主要体现为要素替代弹性的效率效应和分配效应。经推导可知，人均产出增长率受要素替代弹性及资本积累速度的影响。要素替代弹性对经济增长的促进作用主要表现在两方面，一是在给定收入分配的情况下，要素替代弹性的提高有助于人均资本边际产出的增加，当资本的边际产出增加或资本积累增加时，经济增长率随之提升。二是在给定人均资本产出的情况下，要素替代弹性的提高会对要素的收入分配产生影响，进而影响储蓄水平，资本存量的积累直接通过储蓄转化为投资得以实现，并进一步影响产业增长。

　　要素替代弹性对经济增长的影响同样受产业结构和要素禀赋的约束。在技术可达范围内，生产者更倾向于选择充足且廉价的生产要素，产业对生产要素的自主选择会导致生产要素在产业间的重新配置，进而推动产业结构不断升级。此外，要素替代弹性、技术进步偏向同样受一国或地区要素禀赋的影响。

第4章

有偏技术进步下中国物流产业
要素替代弹性的测算

4.1　要素替代弹性

要素替代弹性用于衡量要素间相互替代的难易程度，是衡量市场对资源配置的重要参数。从物流产业发展的外部环境来看，物流产业是一国经济的命脉，二战之后的发达国家甚至将物流产业称为促进区域经济发展的"第三利润源泉"，这不仅是因为物流产业可以通过减少流通费用降低生产成本，更重要的是物流业的技术进步可以通过技术外溢和乘数效应刺激国民经济其他行业的增长。随着经济一体化的到来，要素之间流动速度日益增强，要素间的融合与替代对经济增长的影响日益显著。改革开放以来，物流产业随着中国经济的发展而快速增长，社会经济对物流产业的依赖程度较高，随着物流产业的发展，物流技术水平也随之发生分化，受要素禀赋的制约，不同区域的物流产业要素替代弹性必然存在区域差异。然而，以往对物流产业的研究更倾向于强调单一要素的主导作用，在当今技术与生产要素匹配，尤其是在当前各生产要素丰裕程度逆转的情况下，物流产业成为促进区域间要素流动、资源合理配置的关键，对要素替代弹性的研究，是研究要素替代弹性对物流产业增长影响的重要前提。

从要素替代影响经济增长的内部机制来看，要素替代主要通过两方面来影响某一产业的发展。一是要素替代的效率效应，通过各生产要素之间"价格变化——技术进步——要素替代"来促进要素生产率的提高。具体来讲，市场上生产要素（资本、劳动力）投入比例变动引起要素相对价格变动，要素价格的提高（降低）将刺激厂商加大寻找节约（追捧）该要素的技术，从而引发技术创新，追求利润最大化的本性最终将提高生产要素的边际生产率。正如费尔纳（Fellner，1961）在其技术创新理论中所说：劳动者的工资水平在过去持续增长，预计还将增长，技术进步试图节约这种正变得更加昂贵的要素。二是要素替代的分配效应。要素替代对劳动力和资本收入配比的影响，通过资本积累这一中间变量间接影响要素分配，并进而影响投资及产出。因此，在讨论要素替代对物流产业增长的影响之前，有必要对中国物流产业的要素替代弹性进行测算。

本章将致力于对物流产业要素替代弹性的测算和讨论。由前文有关要素替代测算的方法可知，要素替代弹性的测算需要建立在一定的模型之上。在对要素替代弹性进行测算之前，本章将对学者常用的几种生产函数进行简单对比分析。在有偏技术进步假设的基础之上，基于我国 1978～2015 年的面板数据，对各区域物流产业的要素替代弹性进行估算，分析各区域要素替代弹性的变化趋势。较之已有文献，本章测算了物流产业的要素替代弹性，为第 5 章有关要素替代弹性对物流产业增长影响的研究做铺垫。本章对测算要素替代弹性的模型进行对比和筛选，由于 C-D 生产函数和 Leontief 生产函数是 CES 生产函数的特殊形式，因此本节将主要对 CES 生产函数和 VES 生产函数进行对比，对要素替代弹性的相关理论进行梳理及推导，基于我国改革开放以来的省级面板数据，对我国物流产业的要素替代弹性进行测算，并进一步对各地区的要素替代弹性及趋势进行分析。

4.2　理论分析及推导

在探讨要素替代弹性的增长效应之前，需要对研究所需的生产函数进行对比。通过前文对各生产函数的分析可知，C-D 生产函数以及 Leontief 生产函数分别是 CES 生产函数在要素替代弹性 $\sigma = 0$ 和 $\sigma = 1$ 时的特殊情形，因此采用 CES 生产函数更具有一般性，然而，有学者提出 CES 生产函数具有替代弹性不变的缺陷，而 VES 生产函数可以更好地弥补这一缺陷。因此，为方便比较两种生产函数在测算要素替代弹性的优缺点，本节将主要基于 CES 生产函数和 VES 生产函数对要素替代弹性进行推导。在众多生产函数中，CES 生产函数和 VES 生产函数具备测算数据的方便性和符合社会经济实际情况的适中性优势，其使用面更为广泛。但是，对要素替代弹性的求解，这两个函数孰优孰劣，学术界的研究还相对缺乏。基于此，本节对 CES 生产函数和 VES 生产函数求解要素替代弹性的过程进行对比，以期在实证过程中对模型的选择起到一定的作用。考虑到中性技术进步假设偏离经济现实，本节在对各生产函数进行要素替代弹性的推导时，将技术进步有偏而非中性设定为生产函数的重要参数。

4.2.1　基于 CES 生产函数的要素替代弹性

要素替代弹性需要建立在具体的生产函数上，在借鉴有关研究的基础上，将技术进步偏向纳入 CES 生产函数且形式设定为：

$$Y_t = \left[\theta \left(E_t^k K_t \right)^{-\rho} + (1 - \theta) \left(E_t^l L_t \right)^{-\rho} \right]^{-\frac{1}{\rho}} \qquad (4-1)$$

其中，$\theta \in (0, 1)$ 是反映要素分配比例的参数，E_t^k 和 E_t^l 表示资本和劳动力的效率水平，K_t 和 L_t 表示资本和劳动力的投入。在只包含资本和劳动力两种生产要素的函数 $Y = f(K, L)$ 中，如（4 - 1）式所示，假定劳动和资本按边际产出获得报酬，工资 $w = \dfrac{K}{L}$ 反映劳动报酬，资本回报率 r 反映资本报酬。替代弹性等于要素投入 $\left(\dfrac{K}{L}\right)$ 变动与要素边际产出 $\left(\dfrac{w}{r}\right)$ 变动的比率。因此，根据要素替代弹性的定义，要素替代弹性可以表示为：

$$\sigma = \mathrm{dln}\left(\frac{K}{L}\right) \Big/ \mathrm{dln}\left(\frac{w}{r}\right) \qquad (4-2)$$

σ 反映要素替代弹性的大小，经推导可得 $\sigma = \dfrac{1}{1+\rho}$。随着 ρ 取值的变动，要素替代弹性 $\sigma \in (0, \infty)$。特别地，当 $\sigma = 1$ 时，（4 - 1）式为规模报酬不变的经济模型。对基于 CES 生产函数的要素替代弹性的测算，本书借鉴郝枫（2014）关于替代弹性的估算方法，将替代弹性与要素增强型技术进步增长率的关系设定为：

$$E_t^k = E_{k_0} \cdot e^{\lambda_k t}, E_t^l = E_{l_0} \cdot e^{\lambda_l t} \qquad (4-3)$$

在（4 - 1）式的基础上分别推导出 K、L 的边际产出，

$$MP_K = \frac{\partial Y}{\partial K} = \theta \left(\frac{Y_t}{K_t}\right)^{1+\rho} (E_t^k)^{-\rho} \qquad (4-4)$$

$$MP_L = \frac{\partial Y}{\partial L} = (1-\theta)\left(\frac{Y_t}{L_t}\right)^{1+\rho} (E_t^l)^{-\rho} \qquad (4-5)$$

将（4 - 4）式和（4 - 5）式取对数后相减，并整理后得：

$$\ln k_{it} = \left[\sigma \ln \Delta + (\sigma-1)\ln E_0^{\frac{k}{l}}\right] + (1-\sigma)\lambda t + \sigma \ln\left(\frac{w}{r}\right) \quad (4-6)$$

最后可得出：

$$\ln k_{it} = \alpha_0 + \alpha_1 t + \alpha_2 \ln\left(\frac{w_{it}}{r_{it}}\right) \qquad (4-7)$$

其中，$i = 1，2，\cdots，29$ 表示各个省区；t 表示年份；$\Delta = \dfrac{\theta}{1-\theta}$ 表示要素的初始分配[①]；k_{it} 为劳均资本；w_{it} 为平均工资；r_{it} 为资本收益率。

通过对比（4-6）式和（4-7）式可得：

$$\alpha_0 = \sigma \ln\Delta + (\sigma - 1)\ln E_0^{\frac{k}{l}}; \alpha_1 = (1 - \sigma)\lambda, \alpha_2 = \sigma \qquad (4-8)$$

设定技术进步的初始值可以表示为 $E_0^{\frac{k}{l}} = \dfrac{E_{k_0}}{E_{l_0}}$，由此可见，替代弹性 σ 的值可通过对方程（4-6）进行估算获得。

4.2.2　基于 VES 生产函数的要素替代弹性

采用 VES 生产函数测算要素替代弹性，探讨要素替代弹性与有偏技术进步的关系，可以理解为当要素相对价格发生改变时，生产者为实现利润最大化而调整生产要素的投入比例，技术进步随价格效应的引导而产生偏向。因此，两种要素的替代，在某种程度上反映了技术进步的类型。与此同时，技术进步的偏向性将进一步影响要素的生产效率，要素生产效率的提高将有利于产业的增长。基于此，本书借鉴郑猛（2017）对要素替代弹性的研究方法，建立如下 VES 生产函数，具体见（4-9）式：

$$Y = Af(K, L) = A\,(E_K K)^{\frac{a}{1+c}}\Big[(E_L L) + \Big(\frac{b}{1+c}\Big)(E_K K) \Big]^{\frac{ac}{1+c}}$$

$$= A\Big[(E_K K)^{\frac{1}{c}}(E_L L) + \Big(\frac{b}{1+c}\Big)(E_K K)^{\frac{1+c}{c}} \Big]^{\frac{ac}{1+c}} \qquad (4-9)$$

（4-9）式中，Y 为产出，E_K 和 E_L 为生产要素的效率水平，K、

[①]　$\Delta = \frac{\theta}{1-\theta}$，用于刻画初始分配结构，初始要素份额中，资本份额为 θ，劳动力份额为 $1-\theta$。

L 为资本和劳动力两种生产要素的投入，A、a、b、c 为相关变量的指数。由相关定义可知，要素替代弹性的获取，需要得到资本和劳动力的边际产出，将（4-9）式推导可得：

$$\frac{\partial Y}{\partial K} = A\frac{ac}{1+c}E_K\left[(E_KK)^{\frac{1}{c}}(E_LL) + \left(\frac{b}{1+c}\right)(E_KK)^{\frac{1+c}{c}}\right]^{\frac{ac-1-c}{1+c}}$$

$$\left[\frac{1}{c}(E_KK)^{\frac{1-c}{c}}(E_LL) + \left(\frac{b}{c}\right)(E_KK)^{\frac{1}{c}}\right]$$

$$\frac{\partial Y}{\partial L} = A\frac{ac}{1+c}E_L\left[(E_KK)^{\frac{1}{c}}(E_LL) + \left(\frac{b}{1+c}\right)(E_KK)^{\frac{1+c}{c}}\right]^{\frac{ac-1-c}{1+c}}(E_KK)^{\frac{1}{c}}$$

$$(4-10)$$

根据（4-10）式，可得到资本和劳动的边际技术替代率 MRTS_{KL}：

$$\mathrm{MRTS}_{KL} = -\frac{\partial Y}{\partial K}\bigg/\frac{\partial Y}{\partial L} = \frac{E_K}{E_L}\frac{(E_KK)^{\frac{1-c}{c}}(E_LL) + b(E_KK)^{\frac{1}{c}}}{c(E_KK)^{\frac{1}{c}}}$$

$$= -\frac{1}{c}\left(\frac{L}{K} + b\frac{E_K}{E_L}\right) \qquad (4-11)$$

根据要素替代弹性的定义，进一步将资本-劳动替代弹性表示如下：

$$\sigma_{KL} = \frac{\mathrm{dln}\left(\frac{L}{K}\right)}{\mathrm{dln}(\mathrm{MRTS}_{KL})} = \frac{\frac{K}{L}\mathrm{d}\left(\frac{L}{K}\right)}{\frac{1}{\mathrm{MRTS}_{KL}}d(\mathrm{MRTS}_{KL})} = 1 + b\frac{E_K}{E_L}\frac{K}{L}$$

$$(4-12)$$

可得资本-劳动替代弹性与参数 b、人均资本存量以及各生产要素的效率比值，当 $b=0$ 时，资本-劳动替代弹性等于 1。当 $b\frac{E_K}{E_L}>0$ 时，资本-劳动替代弹性大于 1；当 $b\frac{E_K}{E_L}<0$ 时，资本-劳动替代弹性小于 1。

为进一步验证要素替代弹性对物流产业增长的影响，即德拉格兰德维尔假说对物流产业的适用性，则需要获得要素替代弹性这一关键变量，进一步对（4-9）式两边取对数，并整理后得：

$$\ln Y = \ln A + \frac{a}{1+c}\ln(E^K K) + \frac{ac}{1+c}\ln\left[(E^L L) + \frac{b}{1+c}(E^K K)\right]$$

$$= \ln A + \frac{a}{1+c}\ln(E^K K) + \frac{ac}{1+c}\ln(E^L L) +$$

$$\frac{ac}{1+c}\ln\left[1 + \left(\frac{b}{1+c}\right)\left(\frac{E^K K}{E^L L}\right)\right] \quad (4-13)$$

由泰勒展开可知，$\ln\left[1 + \left(\frac{b}{1+c}\right)\left(\frac{E^K K}{E^L L}\right)\right] \approx \left(\frac{b}{1+c}\right)\left(\frac{E^K K}{E^L L}\right)$，则（4-13）式可以整理为：

$$\ln Y = \ln A + \frac{a}{1+c}\ln(E^K K) + \frac{ac}{1+c}\ln(E^L L) + \frac{ac}{(1+c)^2}\cdot\frac{bE^K}{E^L}\cdot\frac{K}{L}$$

$$= \alpha_0 + \alpha_1\ln K + \alpha_2\ln L + \alpha_3 K \quad (4-14)$$

其中，$\alpha_0 = \ln A + \frac{a}{1+c}\ln E^K + \frac{ac}{1+c}\ln E^L$，$\alpha_1 = \frac{a}{1+c}$，$\alpha_2 = \frac{ac}{1+c}$，$\alpha_3 = \frac{ac}{(1+c)^2}\cdot\frac{bE^K}{E^L}$

通过推算可得：

$$\frac{bE^K}{E^L} = \frac{(\alpha_1 + \alpha_2)\alpha_3}{\alpha_1\alpha_2} \quad (4-15)$$

将（4-15）式代入（4-12）式，可得替代弹性：

$$\sigma_{KL} = 1 + \frac{(\alpha_1 + \alpha_2)\alpha_3}{\alpha_1\alpha_2}\cdot\frac{K}{L} \quad (4-16)$$

4.2.3　要素替代弹性的比较——基于 CES 生产函数与 VES 生产函数

对比 VES 生产函数所得要素替代弹性的（4-16）式和 CES 生产

函数所得要素替代弹性的（4－8）式可知，在 CES 生产函数中，替代弹性可以为任意常数，具体来说，该函数的替代弹性系数是由外生参数决定的。而实际上，替代弹性在不同的样本点上可能是不同的，因为替代弹性的大小既可能随要素之间相对稀缺性的变化而变化，也可能因技术水平的变化而变化。可见，替代弹性应该是变化的，而非恒定的。VES 生产函数的替代弹性可随要素投入比例的变化而变化，可以更好地克服 CES 生产函数的缺陷。由（4－16）式可知，VES 生产函数的要素替代弹性随技术水平以及人均资本量或者随要素之间的相对稀缺性的变化而变化。因此，相对于 CES 生产函数的不变替代弹性系数而言，VES 生产函数的变替代弹性系数更符合现实的经济情况，然而，在已有的经济研究中，C-D 生产函数、CES 生产函数远比 VES 生产函数使用广泛。导致 VES 生产函数未能获得广泛使用的原因有很多，最主要的原因是 VES 生产函数的形式比 C-D 生产函数、CES 生产函数的形式复杂，以及研究人员对 VES 生产函数的主要性质还缺乏相应的了解。陈庆能（2008）认为 VES 生产函数的要素替代弹性系数随 K／L 的变化而变化、满足欧拉定理、规模弹性系数为 1 等诸多优良性质，在用于实证分析时，具有较好的统计特性，是一种性质较好的生产函数。因此，本书对物流产业要素替代弹性的测算基于 VES 生产函数。

4.3　要素替代弹性与物流产业增长

4.3.1　数据来源及说明

根据《第三产业统计年鉴》中有关物流产业增加值的统计，物流产业增加值的覆盖范围包括交通运输业、仓储业、邮电业、贸易业、包装、加工和配送业等。根据国家相关统计资料核算，交通运输、仓

储及邮电业增加值占整个物流产业的比重达到 84%，基本能反映我国
物流产业的发展状况，具体数据如表 4-1 所示。

表 4-1　　　　　　　1991~2011 年物流业增加值构成　　　　单位:%

年份	交通运输业物流增加值	仓储业物流增加值	贸易业物流增加值	邮政业物流增加值	交通运输、仓储和邮政业合计
1991	80.9	4.7	13.3	1.1	86.7
1992	79.8	5.3	13.8	1.0	86.1
1993	79.7	5.3	14.1	0.9	85.9
1994	78.1	6.0	15.0	1.0	85.1
1995	77.2	6.5	15.3	0.9	84.6
1996	78.1	5.9	15.0	0.9	84.9
1997	77.9	6.0	15.2	0.9	84.8
1998	78.7	5.7	14.9	0.7	85.1
1999	79.1	5.6	14.7	0.6	85.3
2000	77.5	6.3	15.2	1.0	84.8
2001	77.0	6.6	15.5	0.9	84.5
2002	75.5	7.3	16.4	0.8	83.6
2003	75.5	7.1	16.7	0.7	83.3
2004	76.0	6.8	16.4	0.8	83.6
2005	74.6	7.0	17.6	0.8	82.4
2006	72.0	7.2	18.7	2.2	81.4
2007	74.8	7.0	16.2	2.1	83.9
2008	73.7	7.3	17.0	2.0	83.0
2009	72.8	7.5	17.5	2.2	82.5
2010	72.3	7.6	17.9	2.1	82.0
2011	71.5	7.6	18.7	2.2	81.3
均值	76.3	6.5	16.0	1.2	84.0

资料来源:国研网数据中心。

鉴于统计的局限性以及统计数据的可获得性，本书使用中国 29 个省份（西藏除外，四川与重庆合并计算，本书同）1978～2015 年交通运输、仓储及邮电业的省际面板数据测算物流产业的要素替代弹性，并按照中国区域划分的方法划分为东部、中部和西部三大地区[①]。通过前文分析可知，对要素替代弹性的测算，需要对物流产业产出、物流产业的资本存量以及劳动力投入三大变量进行核算，变量的数据来源、衡量指标及处理方法详见后续说明。

1. 物流产业产出

物流业的产出数据用产业增加值来衡量，选取历年各地区物流产业增加值，其中 1978～2008 年的数据来自《新中国 60 年统计资料汇编》、2009～2015 年数据从各省区的统计年鉴中获取。为消除价格因素的影响，采用交通运输、仓储及邮电业的产业增加值指数进行平减，将历年产业增加值折算为以 1978 年为基期的不变价。

2. 物流资本投入量

很多学者从各个角度对中国整体资本存量进行了测算，但缺乏对物流产业资本存量的核算。鉴于此，本书采用永续盘存法对物流产业的资本存量进行估计，即 $K_{i,t} = K_{i,t-1}(1-\delta) + \dfrac{I_{i,t}}{p}$。其中 $I_{i,t}$ 为历年分省物流产业固定资产投资总额，p 为固定资产投资价格指数，折旧率 δ 为 5.42%，这与马越越（2015）等关于物流产业资本存量估算中采取的折旧率一致。对式中所需变量的进一步说明如下。

（1）基期资本存量。对基期资本存量的获取，有学者采用经验性的处理，但由于个人经验受数据、经验以及假设前提的影响，结果存在较大的差异。张军等（2004）认为，基期选用越早，在永续盘存法

---

① 按照我国按照经济发展水平，东部、中部、西部"三分法"是学界对中国区域划分比较认可的方法，其中东部地区包括：北京、天津、山东、江苏、浙江、广东、福建、上海、辽宁、海南；中部地区包括：吉林、黑龙江、河北、山西、安徽、江西、河南、湖北、湖南；西部地区包括：四川（包括重庆）、贵州、云南、陕西、甘肃、青海、宁夏、新疆、广西、内蒙古。

下，基期资本存量对后续年份的影响越小。有学者在确定折旧率的基础上，运用固定资本形成总额来获取基期资本存量，所采用的核算公式为 $K_{1978} = \dfrac{I_{1978}}{(\delta + g_i)}$，其中 g_i 为投资几何平均增长率，δ 为固定产业的折旧率（Hall and Jone，1999）。为方便核算，张军等（2004）直接将分母的值设定为10%，本书沿用此核算方法。

（2）历年投资额。张军（2004）利用固定资本形成总额来衡量当年投资量，李谷成等（2014）认为根据中国的核算体系，固定资产投资额与固定资本形成总额的主体相同，且固定资产投资额是计算固定资本形成额的来源。本书使用历年固定资产投资额来衡量物流产业资本的投入量，且历年固定资产投资额来源于《中国固定资产投资统计资料》以及《中国固定资产统计年鉴》。

（3）固定资产折旧率。对固定资产折旧率的选择，基于不同的研究目标，各个研究选取的折旧率不同。学者对折旧率的讨论多集中于宏观经济领域和工业领域，对其他产业尤其是物流产业折旧率的选取缺乏统一的标准。有学者选取的固定资产折旧率为6%（Hall and Jone，1999），张军等（2004）认为中国省级固定产业的折旧率为9.6%，李谷成等（2014）选取5.42%为农业固定资产的折旧率，并认为该折旧率的选取符合国务院《国有企业固定资产折旧试行条例》以及财政部《企业会计准则》。马越越（2015）通过对异质性生产技术下的物流产业全要素生产率的测算，选取物流产业固定资产的折旧率为5.42%。物流产业的固定资产通常具有较长的使用年限，通过权衡比较后，本书同样选取折旧率5.42%用于折算物流产业的资本存量。

（4）劳动力投入数据：本书选取各地区物流产业职工年末人数作为各年行业劳动力的投入数量。其中1978～1987年的数据来自《中国劳动、工资统计资料》及各地区统计年鉴，1988～2015年数据来自《中国劳动统计年鉴》。

全国及各地区相关变量的含义及相关统计描述见表4-2。

表 4 - 2 变量及相关统计描述

变量	含义	均值	最小值	最大值	标准差
全国（1978~2015 年）					
Y	产业增加值（亿元）	80.52	129.55	0.48	1185.41
K	资本存量（亿元）	412.45	706.58	3.9	5326.74
L	物流从业人员（万人）	25.27	14.37	2.42	85.4
东部（1978~2015 年）					
Y	产业增加值（亿元）	121.69	183.18	0.49	1185.41
K	资本存量（亿元）	640.49	1001.34	3.9	5326.74
L	物流从业人员（万人）	28.94	16.65	3.48	85.4
中部（1978~2015 年）					
Y	产业增加值（亿元）	82.58	102.44	2.54	502.97
K	资本存量（亿元）	351.25	499.71	13.74	3236.63
L	物流从业人员（万人）	30.05	9.23	12.88	57.58
西部（1978~2015 年）					
Y	产业增加值（亿元）	82.58	102.44	2.54	502.97
K	资本存量（亿元）	351.25	499.71	13.74	3236.63
L	物流从业人员（万人）	30.05	9.23	12.88	57.58

资料来源：作者根据 Stata 统计结果输出。

4.3.2 要素替代弹性的测算及分析

使用 1978~2015 年物流产业的相关数据，将全国划分为东部、中部、西部三大区域，利用（4-13）式，估计相关系数 α_1、α_2、α_3 的值。为进一步对模型的适宜性进行检验，并对比不同区域的要素替代弹性，分别采用固定效应和随机效应模型对参数值进行估计，结果列示于表 4-3。

表 4 - 3　1978~2015 年全国及三大区域模型适宜性检验结果

项目	全国		东部		中部		西部	
	(1) 固定效应	(2) 随机效应	(3) 固定效应	(4) 随机效应	(5) 固定效应	(6) 随机效应	(7) 固定效应	(8) 随机效应
常数 C	-1.558*** (8.51)	-1.649*** (9.18)	-0.975*** (3.17)	-1.001*** (3.68)	-2.696*** (6.15)	-2.655*** (6.01)	-2.271*** (8.32)	-2.248*** (7.87)
$\ln K(\alpha_1)$	0.893*** (57.09)	0.894*** (57.56)	0.831*** (27.59)	0.828*** (27.70)	1.002*** (36.70)	1.000*** (36.60)	0.887*** (34.10)	0.885*** (34.52)
$\ln L(\alpha_2)$	0.244*** (4.33)	0.272*** (5.42)	0.195* (1.94)	0.207** (2.47)	0.458*** (3.98)	0.448*** (3.99)	0.441*** (4.68)	0.434*** (5.13)
$k(\alpha_3)$	-0.0060*** (5.82)	-0.006*** (5.85)	-0.00456** (2.20)	-0.00437** (2.12)	-0.00963*** (5.12)	-0.00960*** (5.06)	-0.00461*** (3.02)	-0.00454*** (2.99)
R^2	0.913	—	0.912	—	0.919	—	0.917	—
F	47.93	—	19.75	—	49.31	—	75.98	—
σ	0.904	—	0.989	—	0.889	—	0.842	—
Obs	1102	1102	342	342	380	380	380	380

注：括号内为 t 值；***、**、* 分别表示 1%、5% 和 10% 的显著性水平。

资料来源：作者根据 Stata 统计结果输出。

表4-3列出了全国和三大区域物流产业主要参数的回归结果以及资本-劳动替代弹性的值。从回归结果来看，除东部地区劳动产出弹性（lnL）的估计值在10%的水平上显著外，其余各参数的回归结果均在5%的水平上显著。从各地区的产出弹性来看，资本和劳动力对物流产业增长均有显著的促进作用，各地区的资本产出弹性和劳动产出弹性各有不同，资本的产出弹性 α_1 显著高于劳动力的产出弹性 α_2。东部地区的资本产出弹性和劳动产出弹性均小于中西部地区，表明东部地区的要素投入已陷于拥挤状态；中部地区的资本产出弹性和劳动产出弹性显著高于其他地区，而要素替代弹性小于东部地区，表明资本-劳动要素替代弹性的提高对中部地区生产率的提升还存在较大潜力；西部地区的资本产出弹性和劳动产出弹性高于东部地区而低于中部地区，且资本-劳动替代弹性最低，表明西部地区的资本和劳动生产率水平还有待进一步提升。

从各地区的资本-劳动替代弹性值来看，中国物流产业的要素替代弹性均值为0.904，东部、中部、西部地区的资本-劳动替代弹性分别是0.989、0.889和0.842，资本与劳动力的替代弹性是互补的。陈晓玲、连玉君（2013）等认为，中国要素替代弹性的区间介于0.7~0.9，以此推论，中国物流产业的要素替代弹性基本与其他学者的研究结论相符。此外，有学者认为中国工业行业的资本-劳动替代弹性介于0.423~0.482之间（钟世川，2014a）。农业的资本-劳动替代弹性显著大于1，农业人口的流出以及机械的大量使用是资本对劳动力替代的重要原因（刘岳平、钟世川，2016）。从各产业看，中国物流产业的要素替代弹性低于农业但高于工业行业。

在估算出各地区 α_1、α_2、α_3 相关参数的基础上，为进一步观察历年各区域的要素替代弹性的变化趋势，将回归结果代入（4-15）式，计算出全国及三大区域历年的要素替代弹性，并将详细结果列示于表4-4。

表 4 – 4   1978 ~2015 年中国物流产业要素替代弹性的比较

年份	资本 – 劳动替代弹性 σ				年份	资本 – 劳动替代弹性 σ			
	全国	东部	中部	西部		全国	东部	中部	西部
1978	0.990	0.992	0.989	0.989	1997	0.993	1.050	0.976	0.958
1979	0.989	0.991	0.989	0.989	1998	0.987	1.061	0.967	0.940
1980	0.989	0.991	0.989	0.988	1999	0.981	1.069	0.956	0.928
1981	0.989	0.991	0.989	0.988	2000	0.975	1.086	0.941	0.910
1982	0.989	0.990	0.989	0.988	2001	0.967	1.100	0.925	0.890
1983	0.989	0.990	0.990	0.988	2002	0.952	1.095	0.913	0.864
1984	0.989	0.989	0.990	0.988	2003	0.922	1.039	0.902	0.838
1985	0.989	0.989	0.989	0.988	2004	0.919	1.064	0.890	0.817
1986	0.988	0.989	0.989	0.986	2005	0.897	1.061	0.867	0.780
1987	0.988	0.991	0.989	0.986	2006	0.870	1.057	0.836	0.737
1988	0.989	0.992	0.988	0.986	2007	0.841	1.034	0.803	0.706
1989	0.988	0.992	0.988	0.985	2008	0.821	1.051	0.770	0.664
1990	0.988	0.992	0.988	0.984	2009	0.767	0.990	0.723	0.610
1991	0.987	0.990	0.987	0.984	2010	0.715	0.950	0.666	0.553
1992	0.988	0.994	0.987	0.983	2011	0.691	0.891	0.671	0.531
1993	0.987	0.996	0.984	0.981	2012	0.652	0.907	0.639	0.435
1994	1.034	1.006	0.983	1.109	2013	0.599	0.772	0.593	0.450
1995	0.992	1.022	0.982	0.974	2014	0.502	0.685	0.525	0.314
1996	0.995	1.039	0.980	0.969	2015	0.433	0.697	0.444	0.185

资料来源：由作者计算所得。

从各区域要素替代弹性的变化趋势来看，各地区的资本 – 劳动替代弹性有逐渐下降的趋势。为清晰描述这一过程，将各地区资本 – 劳动替代弹性的变化轨迹在图 4 – 1 中展示。由图 4 – 1 可见，东部、中部、西部地区物流产业的要素替代弹性均经历了不变——上升——下降的过程，东部地区上升的时间趋势较平稳，而中、西部地区在急剧上升后缓慢下降。1994 年之前，东、中、西部地区的要素替代弹性基本保持不变，三大区域的要素替代弹性相差不大，之后缓慢下降。具体来看，1994 年之前中国物流产业化水平仍比较低，尚未形成规模，技术水平落后，资本－劳动力的替代弹性接近于 1，资本与劳动力可完全替代。在 1994 年之后，随着中国工业扩张以及城市化进程对经济要素的集聚，东部地区对资本的聚集效应导致东部地区的资本－劳动替代弹性显著提高。此外，随着劳动力市场的完善以及户籍制度的改革，中国农村劳动力逐渐向进入门槛较低的消费性服务业以及生产性服务业转移，在资本相对短缺以及劳动力"无限供给"的社会发展环境下，劳动力密集型投入在一定程度上缓解了资本不足的压力，物流产业的要素替代弹性逐渐降低。然而，可以预见，劳动力并不是永续无限供给的，近年来劳工荒的出现拉高了劳动力的工资水平，企业只得通过增加资本的投入来缓解成本压力，资本－劳动替代弹性下降的幅度趋缓。

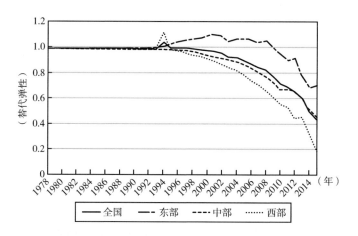

图 4 - 1 1978 ~ 2015 年东部、中部、西部地区资本－劳动替代弹性

资料来源：作者根据各地区要素替代弹性数据绘制而成。

由传统经济学中等产量曲线的理论可知，当一种生产要素的增加势必会减少另一种生产要素的使用时，两种生产要素可以相互替代，生产处于经济区内，这时要素替代弹性 σ 大 0。对比东部、中部、西部地区物流产业要素替代弹性的变动趋势，在样本期间内，三大地区

的资本 – 劳动替代弹性的均值大于 0 且小于 1。1994 年之前，三大区域的资本 – 劳动替代弹性并无显著差异，基本上等于 1，即资本和劳动力可以相互替代。之后除西部地区有小幅跳跃后，东部地区的资本 – 劳动替代弹性则显著高于中部、西部地区。其中，东部地区在 1994 ~ 2009 年的资本 – 劳动替代弹性显著大于 1。由此可见，东部地区资本与劳动力两种生产要素的替代作用较强，资本要素相对比较充裕。此外，替代弹性是反映区域间要素流动水平的重要指标，东部地区在人口集聚、资本深化以及技术创新等方面优势明显，是资本 – 劳动替代弹性显著高于中部、西部地区的重要原因。2009 年之后，各区域资本 – 劳动替代弹性均显著降低且中部、西部明显，可能的原因是，为缓解 2008 年美国金融危机的冲击，中国通过大规模的交通基础建设投资来拉动内需，运输条件的改善有效提高了东部和西部地区的市场接近性，经济欠发达的中西部地区是投资的重点区域。2008 年之后，中部地区交通基础建设投资年均增长率更是达到了 22%。值得强调的是，交通基础设施建设同样存在负溢出效应，在交通改善、运输成本降低后，劳动力等生产要素会加速向发达地区流动。当基础建设投资加大投入与劳动力匹配失当时，非有效的要素投入组合导致中部、西部地区的要素替代弹性降低。

4.4　小　　结

本章对有关测算要素替代弹性的生产函数进行了对比，由于 C-D 生产函数和里昂惕夫生产函数是要素替代弹性 σ 为 0 或 1 时的特殊情形，因此对生产函数的讨论主要基于 CES 生产函数和 VES 生产函数。相较于 CES 生产函数的不变替代弹性系数而言，VES 生产函数的要素替代弹性系数随 $\dfrac{K}{L}$ 的变化而变化，变替代弹性系数的统计特性更符合现实的经济情况，而且在用于实证分析时具有较好的统计特性，是一种性质较好的生产函数。因此，本章基于 VES 生产函数，利用 1978～2015 年中国物流产业的相关数据，对物流产业的要素替代弹性进行测算。

研究表明改革开放以来中国物流产业的资本－劳动替代弹性为 0.904，资本与劳动力之间是互补关系。三大区域的资本－劳动替代弹性存在明显的地区差异，东部地区较高、为 0.989，中部地区次之、为 0.889，西部地区最小、为 0.842。三大区域资本－劳动替代弹性的变化轨迹具有一致性，要素替代弹性基本经历了不变——上升——下降的变化趋势。此外，要素替代弹性在各区域之间存在明显的时间趋势。分时间区间来讲，1978～1994 年三大区域的资本－劳动替代弹性基本为 1，之后三大区域的资本－劳动替代弹性呈现不同的趋势，东部地区的资本－劳动替代弹性在 1994～2009 年处于上升的趋势，之后缓慢下降；中部地区在 1994 年后的资本－劳动替代弹性基本处于下降的趋势，西部地区在 1994～1996 年要素替代弹性有小幅跳跃，之后逐渐下降。此外，东部地区的资本－劳动替代弹性在 1994 年后都显著高于中、西部地区。分析可知，在人口集聚、资本深化以及技术创新等方面的聚集优势，是东部地区资本－劳动替代弹性显著高于中、西部地区的重要原因。此外，要素替代弹性同样受区域产业政策以及外部环境因素如金融危机等的影响。

第5章

物流产业要素替代弹性的分解

—— 基于直接效应和诱致性技术创新效应

5.1 要素替代弹性的效应

要素替代弹性是衡量要素边际替代率对要素价格敏感程度的重要参数。希克斯（Hicks，1932）最早提出了要素替代弹性的概念，该概念被提出后就受到了经济学界的广泛关注。此后，各国经济学家纷纷对要素替代弹性与经济增长以及要素替代与产业发展的关系进行了论证，也有学者对美国、日本要素替代弹性与经济效率的关系进行了研究（Arrow，1961）。德拉格兰德维尔（De La Grandville，1989）对发达国家要素替代弹性与经济增长的关系进行了论证，认为要素替代弹性对经济增长的促进作用不可忽视，很多文献将此观点称为德拉格兰德维尔假说。在德拉格兰德维尔假说的基础上，有学者对韩国和美国的经济增长进行对比后发现，韩国经济增长率高于美国的重要原因在于较高的要素替代弹性，虽然这种较高的要素价格弹性建立在扭曲的要素价格机制基础上（Yuhn，1991）。陈晓玲、连玉君（2013）同样认为要素替代弹性的提高有利于中国经济的增长。钟世川（2014a、2014b）和钟世川、刘岳平（2016）分别从中国工业和农业的角度支持了德拉格兰德维尔假说,这为要素替代弹性在中国产业领域的应用提供了新的研究视角。

在提出要素替代弹性的同时,希克斯(Hicks,1932)对导致要素替代弹性变化的因素进行了分解,认为要素价格的变化会对技术的变革产生诱致性作用,引发节省昂贵要素的技术创新,这种创新被称为诱致性发明。诱致性创新理论是在厂商理论的基础上发展起来的,在市场经济条件下,厂商受生产要素价格变化的影响和诱惑,从而致力于寻求能够替代日益稀缺的生产要素的技术选择。与此同时,微观主体通过价格,借助市场机制实现丰裕生产要素对稀缺生产要素的替代,然而要素替代弹性与诱致性发明的关系如何,Hicks 并没有进一步阐述。肯尼迪(Kennedy,1964)将希克斯诱致性发明的论述转化为诱致性创新理论,并提出希克斯的诱致性创新理论建立在要素价格相对变化的基础上,这使得区分资本对劳动力的直接替代与技术创新引发的替代变得困难。此后,很多经济学家对诱致性技术创新效应进行了研究,但研究大多集中在一些发达国家且主要关注农业领域,尤其是美国和日本。在阿玛德(Ahmad,1966)提出创新可能性曲线的基础上,有学者将诱致性技术进步进行阐述,认为当要素价格比与要素投入比的相关系数为负且显著不为零时,则可以认为技术进步满足诱致性假设(Hayami and Ruttan,1985)。在早期关于诱致性技术进步的研究中,对于生产函数的形式、要素替代与引致性技术创新以及要素投入比率与要素价格的关系并没有具体阐述。此外,基于 CES 生产函数对农业发展中的技术创新进行了论证,认为要素动态替换的过程伴随着生产函数中新要素相对价格的变化,进而提出了诱致性技术创新理论,即诱致性技术创新是有利于充裕生产要素对稀缺生产要素进行替代的技术变革,要素相对价格与要素的使用份额负相关(Hayami and Ruttan,1985)。至此,诱致性技术创新理论得到了学界的广泛关注,并被迅速应用到产业技术创新的研究中去。有学者对 1880~1980 年诱致性技术创新对美国农业的影响进行了研究,认为技术进步与市场价格信号放松了要素稀缺性对经济增长的约束（Olmstead，1993）。通过对美国加工和食品分销部门的产业结构和技术进步的研究发现，在要素投入决策方面，价格诱导的技术进步与外生技术变化相比具有决定性的作用（Celikkol and Stefanou，1999）。有学者基于 CES 生产函数和 ECM 模型对美国农业的诱致性技术变革进行了研究（Thirtle，2002；Shumway，2006；Liu，2009）。也有少数学者对其他国家和地区的技术进步进行了研究（Hyun，1992；Lin，1991）。何爱和徐宗玲（2010）采用 CES 生产函数，对菲律宾 1970～2005 年农业技术变革引起的替代效应进行了研究，认为农业技术变革存在诱致性的偏向。为考虑要素价格及技术进步变化对要素替代弹性的影响，有学者从技术进步的角度对要素替代弹性进行分解，并将在技术进步没有改变的情况下要素投入产生变化的效应称为直接替代效应，将技术进步改变而导致要素投入产生变化的效应称为诱致性技术创新效应（Irmen and Klump，2009）。值得注意的是，通常生产要素价格变化引发技术创新，因此直接替代效应先于诱致性技术创新效应产生。

　　当前关于要素替代弹性的研究，大多关注于要素替代弹性的测算以及要素替代弹性与经济增长的关系，忽视了引发要素替代弹性变化的深层原因的分析。此外，从要素价格以及诱致性技术创新角度对要素替代弹性进行分解的研究较少，可能由于农业资本对劳动力的替代弹性较高，学者对诱致性技术创新的研究大多集中在农业部门。钟世川（2016）采用时间序列数据对中国工业的要素替代弹性进行了测算及分解，然而产业间存在异质性，处于不同产业结构水平的行业，技术进步模式不同。俞立平（2016）认为创新可以为高技术产业带来直接效益，创新的速度加快了要素间的替代，创新速度越快，资本和劳动力的弹性系数越大。物流产业的发展同样伴随着技术创新以及资本对劳动力的替代，然而学术界对物流产业的相关研究较少，深入分析中国物流产业要素替代弹性并对其进行分解的研究仍然欠缺。因此，为更好地说明技术进步以及要素替代弹性对物流产业的影响，有必要对要素替代弹性的直接效应和诱致性技术创新效应进行分解。此外，现有文献对诱致性技术创新以及要素替代的研究缺乏对要素禀赋约束条件的考虑，郑旭媛和徐志刚（2017）虽对资源禀赋约束、要素替代与诱致性技术变迁的关系进行了研究，但其研究范围仅限于农业中耕地以及机械等生产要素，这使得现有理论对此问题的阐述和认识并不系统和深入。伴随着中国城市化进程的不断加剧以及劳动力拐点的到来，中国劳动力成本将呈不断上升的趋势，考虑物流产业的特征，诱致性技术进步将促使资本不断替代劳动力且进程将不断加快，这使得对中国物流产业要素替代弹性及其分解效应的研究尤为重要。

基于此，本章利用 1978~2015 年中国物流产业的相关数据，分析资本-劳动报酬比与资本-劳动投入比之间的关系，对物流产业的要素替代弹性进行估算，并进一步利用误差修正模型将物流产业的要素替代弹性分解，进而得到直接替代效应和诱致性技术创新效应分别占要素替代效应的比例。

5.2　要素替代弹性分解的理论分析与推导

有学者认为，动态的要素替代使得技术进步不断发展，进而诱导新技术发明的产生和生产率的提高（Hayami and Ruttan，1985）。为更严格的检验诱致型技术创新对要素比例变化的作用，假设要素比例的变化可以分解为两个部分：（1）要素价格变化对要素替代的效应，（2）有偏向的技术变革对要素替代的效应。为了衡量技术变革的作用，在只有资本和劳动力两种投入要素的前提下，假设生产函数为：

$$Q = f(E_i X_i, E_j X_j) \qquad (5-1)$$

产品的成本函数为：

$$C = Q \cdot g\left(\frac{P_i}{E_i}, \frac{P_j}{E_j}\right) \tag{5-2}$$

其中，X_i 和 X_j 分别表示资本和劳动力两种生产要素，E_i 和 E_j 表示资本和劳动力两种生产要素的生产效率，$g(\bullet)$ 代表各要素的价格。

由谢泼德定理，可以得到：

$$\frac{\partial C}{\partial P_i} = X_i = \frac{Q}{E_i}\left(\frac{\partial g}{\partial P_i}\right), \ \frac{\partial C}{\partial P_j} = X_j = \frac{Q}{E_j}\left(\frac{\partial g}{\partial P_j}\right) \tag{5-3}$$

根据要素替代弹性的定义可知：

$$\sigma_{ij} = \frac{\dfrac{\partial^2 g}{\partial_i \partial P_j} g}{\dfrac{\partial g}{\partial P_i}\dfrac{\partial g}{\partial P_j}} \tag{5-4}$$

将（5-4）式代入（5-3）式并对 t 求导可得：

$$\frac{\dot{X}_i}{X_i} = \frac{\dot{Q}_i}{Q_i} - \frac{\dot{E}_i}{E_i} + \sum_j s_j \sigma_{ij}\left(\frac{\dot{P}_i}{P_i} - \frac{\dot{E}_i}{E_i}\right) \tag{5-5}$$

$\dfrac{\dot{X}_i}{X_i}$ 表示 X_i 的增长率；P_i 是投入 i 的真实要素价格；s_j 是第 j 种投入的要素份额；$s_j\sigma_{ij}$ 是要素投入 i 关于投入 j 的价格需求弹性，且要素需求是关于要素投入价格的零阶齐次函数，因而可得：

$$\sum_j s_j \sigma_{ij} = 0 \tag{5-6}$$

将（5-6）式代入（5-5）式，并利用 $\sum_j s_j = 1$ 和 $\dfrac{\dot{Q}_i}{Q_i} = \sum_j s_j\left(\dfrac{\dot{X}_i}{X_i} + \dfrac{\dot{E}_i}{E_i}\right)$，可得方程：

$$\frac{\dot{s}_i}{s_i} = \sum_{j \neq i} s_j(\sigma_{ij} - 1)\left(\frac{\dot{P}_j}{P_j} - \frac{\dot{P}_i}{P_i}\right) + \sum_{j \neq i} s_j(1 - \sigma_{ij})\left(\frac{\dot{E}_j}{E_j} - \frac{\dot{E}_i}{E_i}\right)$$
$$\tag{5-7}$$

由（5-7）式可知，第 i 种要素份额的变化率被分解为两个部分：一部分为等式右边第一项，为要素价格变化导致的要素替代效应；另一部分为等式的第二项，为技术变革导致的要素替代效应。有学者认为要素比率的变化是由相对价格的滞后效应引起的，并进一步导致了技术的引致性创新效应，通过对要素长、短期替代弹性的分析并引入误差修正模型，可以将要素比率的变化分解为相对价格变动滞后效应引起的要素替代和由于当前要素价格变化的要素替代（Thirtle，2002），这是对中国物流产业要素替代弹性进行分解的理论依据。

5.3 要素替代弹性分解的模型设定及数据

5.3.1 模型设定

采用不变替代弹性的 CES 生产函数，对物流产业的要素替代弹性进行分析，并将生产要素中资本和劳动力的投入分别设定为 K_t 和 L_t，生产模型形式设定为：

$$Y_t = \left[\theta K_t^{-\rho} + (1-\theta) L_t^{-\rho} \right]^{-\frac{1}{\rho}} \qquad (5-8)$$

其中，θ 表示要素的分配比例，σ 表示替代弹性且 $\sigma = \dfrac{1}{1+\rho}$。$\sigma$ 反映两种生产要素的替代弹性，在只包含资本和劳动力两种生产要素的函数中，假定资本和劳动力按边际产出获得报酬、资本和劳动力的要素价格分别为 w 和 r，可写出"要素价格等于其边际产出"的生产者最优决策均衡条件：

$$MP_L = \frac{\partial Y}{\partial L} = (1-\theta) \left(\frac{Y_t}{L_t} \right)^{\frac{1}{\sigma}} = w \qquad (5-9)$$

$$MP_K = \frac{\partial Y}{\partial K} = \theta \left(\frac{Y_t}{K_t} \right)^{\frac{1}{\sigma}} = r \qquad (5-10)$$

式（5-9）与式（5-10）相除后取对数，整理后得：

$$\ln \frac{K_t}{L_t} = \sigma \ln \Delta - \sigma \ln \left(\frac{r_t}{w_t} \right) = c + \alpha \ln \left(\frac{r_t}{w_t} \right) \qquad (5-11)$$

其中，$\Delta = \dfrac{\theta}{1-\theta}$ 表示要素分配比例，且 $c = \sigma \ln \Delta$，$\alpha = -\sigma$。通过观察可知，假设物流产业的生产者是充分理性的，随着资本-劳动力报酬水平的提高，生产者对资本和劳动力的投入比也会相应增加。将（5-11）式进一步转化可得：

$$\ln \frac{K_t}{L_t} = c + \alpha \ln \left(\frac{r_t}{w_t} \right) + \mu_t \qquad (5-12)$$

将（5-12）式进行参数估计，可得要素替代弹性 σ 的值。诱致性创新理论认为，当要素价格比与要素投入比的相关系数为负且显著不为零（$\alpha < 0$）时，则可以认为技术进步满足诱致性假设。此外，由于技术进步是否发生受时间的限制，在短期内，要素投入比例只会对要素价格做出快速的反映；从长期来看，技术变革的方向和要素相对价格的变化之间存在一定的平衡，虽然可能有短期的偏差，但可以通过误差修正机制进行修正（Kennedy，1964）。因此，需要通过分析中国物流产业资本-劳动投入比和资本-劳动报酬比之间的长期关系，建立误差修正模型，并进一步获取直接效应和诱致性技术创新效应对物流产业要素替代弹性的影响。

5.3.2 数据来源及说明

利用 1978～2015 年 29 个省份（西藏除外，四川与重庆合并计算）的相关数据来分析物流产业的要素替代弹性。考虑数据的可获得性，本书使用交通运输、仓储及邮电业的相关数据测算物流产业的要素替代弹性，如非特别指出，所有数据均来自或由《新中国 50 年统计资料汇编》《中国固定资产投资统计年鉴》《中国统计年鉴》《中国劳动年鉴》以及各省区市历年统计年鉴整理而得。

产业产出（Y）：用物流产业增加值代表产业产出，数据来源于1978~2015年各年度《中国统计年鉴》和《新中国50年统计资料汇编》，同时将得到的数据按照地区生产总值指数（1978年 = 100）进行平减。

资本存量（K）：现有很多学者从各个角度对资本存量进行了估算，其中最常用的方法是永续盘存法，但永续盘存法对基期资本存量的要求较高，基期越早，误差越小（张军等，2004）。由于物流产业缺乏基期资本存量的估算，因此本书采用霍尔和琼斯（Hall and Jones，1999）的方法对物流业的资本存量进行估计，即 $K_{1978} = \dfrac{I_{1978}}{d + g_i}$。其中，$K$ 是资本存量，I 是当年全社会固定资产投资额，d 是资产的折旧率，g_i 是各年产业增加值的几何平均增长率。利用1978~2015年物流产业的相关数据，得出期间物流产业的资本存量。

劳动力投入（L）：该指标选取交通、运输及仓储业的年底从业人数，数据来源于《中国统计年鉴》和《新中国50年统计资料汇编》。

人均工资（w）：用于衡量劳动力的价格水平，工资总额选取交通、运输及仓储业城镇单位的就业人员工资，数据来源于《中国统计年鉴》和《新中国50年统计资料汇编》，并将原始数据按消费价格指数（1978年 = 100）进行平减。将1978~2015年城镇单位的工资总额与相应年份城镇单位就业人数相除得到人均工资。

资本收益率（r）：资本收益率是指企业总营业盈余与资本存量的比率。在GDP（收入法）的核算中，税后总营业盈余为净营业盈余与固定资产折旧之和。本章用各省的资本收益率（约26%）近似替代各省物流产业资本收益率，这与张勋、白重恩对中国资本回报率的测算较为接近。[①]

---

① 张勋（2014）测算1978~2010年中国工业固定资产回报率约为27.8%；白重恩（2006）测算中国1978~2005年的资本回报率约为22.78%。

5.4 实证分析

为获得物流产业要素替代弹性的直接替代效应和诱致性技术创新效应，本书借鉴其他学者有关农业引致性技术进步的研究方法（Liu and Shumway，2009），确认资本和劳动力的投入比 $\ln(K_t/L_t)$ 以及资本和劳动力的报酬比 $\ln(r/w)$ 之间的回归关系，根据回归结果构建误差修正模型，进而获取直接替代效应以及诱致性技术创新效应对物流产业的贡献度。

为判断资本 – 劳动投入比与资本 – 劳动报酬比的面板数据是否平稳，需要进行面板单位根检验，为解决传统检验方法时效力较低的问题（吕光明，2004），这里采用 LLC、Fisher – PP 两种方法进行检验，检验结果如表 5 – 1 所示。

表 5 – 1 面板单位根检验结果

变量	LLC 检验	Fisher 检验
$\ln(K_t/L_t)$	– 2.29 ***	– 8.25 ***
$\Delta\ln(K_t/L_t)$	– 19.19 ***	– 13.02 ***
$\ln(r_t/w_t)$	– 6.09 ***	– 10.16 ***
$\Delta\ln(r_t/w_t)$	– 23.77 ***	– 15.94 ***

注：*** 、 ** 、 * 分别表示在 1%、5%、10% 的置信水平下显著，LLC 检验显示的是 Adjusted t* 的值，Fisher 检验显示的是 Z 值，Δ 表示一阶差分。

本章采用 LLC 检验和 Fisher 检验方法对面板的平稳性进行检验，从检验结果来看，面板数据具有较高的平稳性，因此可以进行变量间的协整分析。本书采用 Stata13.0 对（5 – 12）式中资本 – 劳动投入比与资本 – 劳动价格比的关系进行回归，估计结果见表 5 – 2。

表 5 - 2   模型（5 - 12）式的估计结果

变量	估计值
c	− 3. 7699 *** （7. 60）
α	− 0. 5074 *** （12. 29）
R^2	0. 2150
Wald chi2（1）	151. 11

注：（ ）内为 t 值，*** 、** 、* 分别表示在 1%、5%、10% 的置信水平下显著。
资料来源：作者根据 Stata 统计结果输出。

从表 5 - 2 的整体回归结果来看，Wald 检验值为 151. 11，表明模型整体拟合较好。要素替代弹性 σ 为 0. 5074，表明中国物流产业资本与劳动之间呈互补关系，这与很多学者的研究结论一致。此外，常数项和资本 - 劳动报酬比均在 1% 的置信区间内显著，资本 - 劳动报酬比每增加 1%，资本 - 劳动投入比减少 0. 5074%。

结合表 5 - 2 的估计结果，并由（5 - 12）式可得误差修正项：

$$ecm_{t-1} = \ln\left(\frac{K_{t-1}}{L_{t-1}}\right) + 0.5074\ln\left(\frac{r_{t-1}}{w_{t-1}}\right) + 3.7699 \qquad (5-13)$$

进一步分析可知，资本 - 劳动投入比与资本 - 劳动报酬比之间的回归系数为负，即要素价格的下降必然会引起要素投入的增加，这与前文理论分析一致。然而，根据回归结果，并不能对影响要素替代弹性的直接效应和诱致性技术创新效应做更深入的分析。为此，本书借鉴学者有关美国农业诱致性技术创新的方法（Thirtle，2002），通过建立误差修正模型，对物流产业的要素替代弹性进行分解。为进一步获得直接效应和诱致性技术创新效应对物流产业要素替代弹性影响的大小和比重，本书在（5 - 13）式的基础上构建误差修正模型如下：

$$\Delta\ln\left(\frac{K_t}{L_t}\right) = \beta_0 + \text{lagged}\left[\Delta\ln\left(\frac{K}{L}\right), \Delta\ln\left(\frac{r}{w}\right)\right] + \lambda \cdot ecm_{t-1} + \varepsilon_t$$

$$(5-14)$$

其中，模型中的 β_1 表示资本－劳动投入比与资本－劳动报酬比的短期效应，反映要素替代弹性中的直接替代效应，即在假设技术水平不变的情况下，通过调整资本－劳动的比例来实现最优状态下的资本替代劳动的过程；λ 反映前一期误差修正项对模型长期均衡的修正程度。从对物流产业的要素替代弹性分析来看，前一期资本－劳动报酬比所引起的资本劳动投入比的变化为 $\lambda 0.5074$，这是诱致性技术创新效应对要素替代弹性的贡献。进一步，对误差修正模型（5－14）式中的各参数进行估计，结果见表5－3。

表5－3　　　　　　　　　　　　误差修正模型的估计结果

变量	参数估计	t 统计量
β_0	0.0576	5.59
$\Delta\ln\left(\dfrac{K_t}{L_t}\right)(-1)$	0.2404	7.89
$\Delta\ln\left(\dfrac{K_t}{L_t}\right)(-2)$	0.1416	4.57
$\Delta\ln\left(\dfrac{r_t}{w_t}\right)$	－0.1723	－7.63
$\Delta\ln\left(\dfrac{r_t}{w_t}\right)(-2)$	－0.0426	－1.79
μ_{t-1}	－0.0085	－1.62
$\ln\left(\dfrac{K_{t-1}}{L_{t-1}}\right)$	－0.0085	－1.62
$\ln(r_{t-1}/w_{t-1})$	$\lambda 0.5074 = -0.0044$	－1.62
R^2	0.1612	—
F 值	38.86	—
DW 统计量	2.05	—

资料来源：作者根据 Stata 统计结果输出。

从表5－3中各统计量的估计结果来看，模型（5－13）式的拟合效果较好，F 检验值的统计量为38.86，DW 统计量的值为2.05，各变量在10%的置信区间内显著。在（5－14）式中，由于资本－劳动报酬

变量 $\Delta\ln\left(\dfrac{r_t}{w_t}\right)$ 反映要素替代过程中的短期均衡，反映要素替代的直接效

应，（5 - 14）式中 $\ln\left(\dfrac{r_{t-1}}{w_{t-1}}\right)$ 的参数 λ0.5074 表示对偏离长期均衡的调整

力度，反映要素替代弹性的诱致性技术创新效应。从其参数估计值来

看，在技术进步水平不变的情况下，物流产业的资本 - 劳动投入比存在

滞后效应，但对当期资本 - 劳动投入比的影响为正，滞后两期的资本 -

劳动报酬比每增加 1%，则资本 - 劳动投入比减少 0.0426%。误差修正

项 $\ln\left(\dfrac{K_{t-1}}{L_{t-1}}\right)$ 的系数为 - 0.0085，表示当短期均衡偏离长期均衡时，会以

- 0.0085 的速度将非均衡状态拉回。由（5 - 14）式可知，前一期的资

本 - 劳动报酬比会对当期的资本 - 劳动投入比产生影响，其影响力为

λ0.5074 = - 0.0044，表明前一期资本 - 劳动报酬比对当期资本 - 劳动投

入比的影响为负，且前者每上升 1% 则导致后者下降 0.0044%。此外，

资本报酬率增加以及劳动报酬率的减少，必然导致资本投入减少，从

而引起资本偏向性技术进步的变革，生产要素出现资本对劳动的替

代，这部分替代可以由诱致型技术进步效应解释。

表 5 - 4 通过直接替代效应和诱致性技术进步效应对要素替代弹

性的贡献率进行了分解，可以看出，中国物流产业的资本 - 劳动替代

弹性主要由直接替代效应引起，占比为 97.98%；诱致性技术进步变

革所占份额较小，为 2.02%。

表 5 - 4　　　　　　　　要素替代弹性的分解结果

变量	直接替代效应	诱致性技术进步效应
弹性系数	- 0.2149	- 0.0044
比例（%）	97.98	2.02

注：为更直观地判断直接要素替代和诱致性技术进步对要素替代弹性的影响力度，此
处仅对各变量系数进行比较。

资料来源：作者根据 Stata 统计结果输出。

可以认为，在 1978 ~ 2015 年，中国物流产业的要素替代过程仍

主要以直接替代效应为主，这一结果与中国的实际相符。从产业发展来看，中国物流产业当时仍面临着效率低下、技术落后、资源利用率不合理、发展模式粗放等问题（余泳泽、刘秉镰，2010），要素价格仍是要素替代过程中的重要决定因素。从要素禀赋来看，相较于资本，聚集于物流产业的劳动力仍相对比较丰裕，虽然近年来有很多学者认为，中国已经出现劳动力供给的拐点，但由于技术进步的偏向性以及劳动力自身素质的制约，仍有大量劳动力从事低技能以及进入门槛较低的行业（钞小静、沈坤荣，2014）。此外，从结论可知，物流产业诱致性技术创新效应占比仅为 2.02%，而工业诱致性技术创新效应占比达 73%（钟世川，2016），从产业的长远发展来看，作为与工业匹配的生产性服务业，技术进步仍是实现经济增长方式由粗放型向集约型转变的核心。有学者认为，物流产业技术进步的速度远低于物流产业的平均增长速度（莫鸿，2009），技术创新仍是物流产业发展的关键。

5.5 小　结

本章在 CES 生产函数的基础上，构建了要素替代弹性估算及分解的理论模型，将要素替代弹性分解为直接替代效应和诱致性技术进步效应。此外，利用 1978～2015 年中国物流产业的相关数据，对中国物流产业的要素替代弹性进行了测算，得出中国物流产业的要素替弹性介于 0 与 1 之间，资本与劳动力两种生产要素呈互补关系。同时，通过测算得出，在资本与劳动两种生产要素的替代过程中，直接替代效应和诱致型技术进步效应分别占 97.98% 和 2.02%。这意味着，中国物流产业的要素替代弹性仍以价格因素为驱动的直接替代效应为主，诱致型技术进步对物流产业的替代弹性的影响较小。

从本章的研究结论可以看出，要素替代弹性是判断要素流通的重要参数，也是制定中国物流产业政策的重要依据，随着服务业对国民经济增长贡献的提高，物流产业将面临从低门槛向技术创新型产业转变的过程，而技术进步对提升产业竞争力具有重要意义。首先，这有助于我们科学判断物流技术偏向和物流产业结构调整的路径。诱致性技术创新理论认为具有不同要素禀赋的国家和产业具有不同的产业发展道路，要素禀赋的相对丰裕程度不同，会导致区域产业发展有效路径的差异，因此应因地制宜地引导和推进物流技术的研发和创新；其次，从政府制定宏观经济政策的视角来看，中国物流产业要素之间的替代很大程度上仍以价格驱动为导向，诱致性技术进步对物流产业要素替代的影响作用较小，对技术创新的投入在未来很长时间内将是物流产业发展的重点。因此，深入剖析要素替代弹性的影响因素至关重要，在经济发展的新常态下，从诱致性技术进步视角对要素替代弹性进行分解，为制定物流产业发展政策、促进产业机构升级，提供了一个全新的视角。

第6章

有偏技术进步下要素替代弹性对物流产业增长的影响

在对物流产业要素替代弹性进行测算和分解的前提下，本章利用各省份1978~2015年物流产业要素替代弹性的数据，通过建立技术进步偏向、要素替代弹性与物流产业增长之间的实证模型，验证德拉格兰德维尔假说（De La Grandville Hypothesis）① 在物流产业领域的适用性。

6.1 要素替代弹性与物流产业增长

改革开放以来，中国经济的高速增长是由要素所驱动的（刘刚，2011）。当前，随着要素成本价格的上涨以及资源、环境条件的约束，中国经济面临着从要素驱动向创新驱动转变的"二次转型"，要素融合和替代成为推动技术创新和产业发展的重要因素。随着国家"一带一路"倡议、京津冀协同发展以及长三角一体化发展等战略的不断推进，物流业在中国经济的"二次转型"中扮演着重要的角色。新经济地理学认为，物流业促进区域产业发展的作用机制在于能够加速人

---

① 德拉格兰德维尔假说认为要素替代弹性的提高能够推动区域经济增长。

流、物流等生产要素的空间流动，是拉动地区经济增长的新型主导力量，区域物流的非均衡发展是引发我国东部、中部、西部地区经济发展不均衡的重要因素（冯云，2008）。新经济地理学认为物流通过加速人流、物流等要素的空间流动，进而促进区域经济增长。随着中国改革开放进程的加快，社会经济对物流的依赖程度增强，现代物流已经成为区域经济增长的重要支撑（Ouyang，2010）。

现有文献对物流产业的研究多基于非参数的 DEA-Malmquist 方法测算物流产业的全要素生产率和技术效率（王维国、马越越，2012；陈洁，2014；刘俊华等，2014），专注于研究中国物流产业要素替代弹性及其对产业增长的文献并不多见。从生产要素看，当前物流业已进入高成本时代，与此同时，物流业普遍存在着组织化程度低、资源浪费等问题。随着经济发展新时代的到来，物流产业面临转型升级以及产业地位提升的压力，这些制约因素无疑会加剧中国物流业增速放缓及区域产业差距扩大等问题。因此，如何在资源有限的前提下实现物流产业的增长是一个值得关注的话题。目前，针对如何优化现有资源、实现产业提升，学者们更倾向于强调单一要素的主导作用（王健等，2013；舒辉等，2014），对物流产业的分析，并没有考虑要素替代弹性，缺乏技术进步偏向下的要素替代对物流产业影响的分析。

近年来，有关要素替代弹性对经济增长的影响的德拉格兰德维尔假说，是经济增长理论的研究热点，认为资本对劳动力的有效替代能够提高全要素生产率，进而促进经济增长（De La Grandville，1997）。该假说认为，经济的增长效应反映一个国家要素的流动速度和要素的可替代程度。在规模经济下，要素之间的可替代程度越大，经济越能从中获益。然而，对于该观点，有学者并不认同，他们认为在戴尔蒙德模型下，要素之间替代弹性的高低并不必然是影响经济增长快慢的原因，甚至认为由于替代弹性的增长，人均产出反而降低（Miyagiwa and Papageorgiou，2003）。认为要素替代弹性对经济增长具有效率效应和分配效应，两种观点的根本分歧在于对效率效应和分配效应的关注点不同，在效率效应的引导下，要素替代弹性的提高有助于经济的增长，而在分配效应的引导下，当假定所有的资本积累来源于劳动者的收入时，高的替代弹性反而会降低劳动者的收入，并进而抑制经济的增长（Irmen，2007）。从研究结论来看，学者们更偏向于支持德拉格兰德维尔的结论，认为国与国之间经济增长的差异，源于国家之间采用不同的生产要素政策而导致要素替代弹性的不同，韩国政府"增长第一、分配第二"的产业政策，是导致韩国资本 - 劳动替代弹性大于美国的重要原因（Yuhn et al.，1991），东亚国家的增长奇迹源于较高的资本 - 劳动替代弹性，而非拥有较高的储蓄率和先进的技术（De La Grandville et al.，1997）。可见，要素替代弹性作为一个重要变量被广泛应用于经济增长的研究中，甚至有学者认为即使在不可再生资源和技术进步缺失的情况下，当要素的替代弹性大于 1 时，也可以实现经济增长（Palivos et al.，2010）。

国内也有学者利用中国宏观经济以及相关产业的数据支持了德拉格兰德维尔的观点（钟世川，2014a）。但是，将要素的可替代性应用到物流产业的研究还不多见。然而，由于产业存在异质性，在产业发展的不同阶段，任何生产要素的供给比例都存在充裕、短缺以及适当的状态，物流产业在成本居高不下的压力下，同样需要考虑不同要素的组合和相互替代性。当前，中国经济发展的新时代正面临从速度到质量的转变，对物流产业的发展提出了新的要求，物流产业迫切需要通过增长来实现产业地位的提升。然而，在当前劳动力供给缺乏、物流成本居高不下的情况下，如何通过技术创新和优化要素配置来降低成本、提升产业效率是物流业提升产业地位的关键。从现有研究来看，虽不乏物流产业相关的文献，但学者对于物流产业要素替代弹性及其增长效应并没有给予应有的关注。

在当今技术与生产要素匹配发展的时代，尤其是当前资本和劳动力要素丰裕程度逆转的情况下，忽视不同要素之间的替代效应及其动态匹配对经济增长的影响，将不利于问题的解决。基于此，在考虑技术进步偏向的情况下，本章试图探讨中国物流产业的要素替代弹性以及其增长效应，基于中国物流产业 1978~2015 年的相关数据，利用前文测算出的各地区物流产业的要素替代弹性，考察要素替代弹性对物流产业的增长效应。在考虑有偏技术进步的基础上，本章将对要素替代弹性影响经济增长的相关理论进行推导，设定考虑技术进步偏向、要素替代弹性与物流产业增长效应的模型，并对技术进步偏向、要素替代弹性与物流产业增长间的关系进行实证分析。

6.2 要素替代弹性与经济增长的理论

要素替代弹性对经济增长的衡量取决于所选取生产函数的不同，技术进步往往会提高要素的生产效率但是对各要素效率的提高程度不同，即有偏向资本的技术进步也有偏向劳动力的技术进步。因此，将技术进步的偏向性纳入生产函数的基本形式设定为：

$$Y = F(E_K K, E_L L) \qquad (6-1)$$

（6-1）式中，Y 代表总产出，K 代表资本投入，L 代表劳动力投入；由于技术存在偏向性，E_K 和 E_L 代表资本效率和劳动效率。正常商品每一要素投入带来的边际效应为正且递减，生产函数满足 $F_k > 0$，$F_L > 0$，$F_{KK} < 0$，$F_{LL} < 0$，$F_{KL} > 0$。

6.2.1 经济增长核算

以下讨论经济增长与要素投入增长的关系，将（6-1）式两边同时对 t 求导，并转换成增长率的形式：

$$\frac{\dot{Y}}{Y} = \theta_K\left(\frac{\dot{K}}{K} + \frac{\dot{E}_K}{E_K}\right) + \theta_L\left(\frac{\dot{L}}{L} + \frac{\dot{E}_L}{E_L}\right) \qquad (6-2)$$

其中，θ_K 为资本产出弹性，θ_L 为劳动产出弹性，且 $\theta_L + \theta_K = 1$；

将（6-2）式进行变换得：

$$\lambda_y = \theta_K(\lambda_K + \lambda_{E_K}) + \theta_L(\lambda_{L+}\lambda_{E_L}) \tag{6-3}$$

（6-3）式中各变量的增长率分别 $\lambda_x = \dfrac{\dot{X}}{X}$，且 X 代表产出、资本、劳动力、技术进步各个变量。

6.2.2 要素替代弹性、技术进步偏向与经济增长率

由产出弹性的定义可知，资本和劳动的产出弹性为：

$$\theta_K = \frac{\partial Y}{\partial K} \cdot \frac{K}{Y}; \theta_L = 1 - \theta_K = \frac{\partial Y}{\partial L} \cdot \frac{L}{Y} \tag{6-4}$$

且 $W = \dfrac{\partial Y}{\partial L}$，$R = \dfrac{\partial Y}{\partial K}$（$W$ 和 R 分别代表劳动力和资本的边际产出）

$$\tag{6-5}$$

合并（6-4）式中的 θ_K 和 θ_L，并将（6-5）式代入得：

$$\theta_K = (1 - \theta_K)\frac{W/R}{K/L} = (1 - \theta_K)\frac{(\partial Y/\partial E_L L)/(\partial Y/\partial E_K K)}{E_K K/E_L L} \tag{6-6}$$

将（6-6）式两边取对数并对 t 求导，可得

$$\frac{\mathrm{dln}\theta_K}{\mathrm{d}t} = \frac{\mathrm{dln}(1 - \theta_K)}{\mathrm{d}t} + \frac{\mathrm{dln}(\partial Y/\partial E_L L)/(\partial Y/\partial E_K K)}{\mathrm{dln}(E_K K/E_L L)}$$
$$\times \frac{\mathrm{dln}(E_K K/E_L L)}{\mathrm{d}t} - \frac{\mathrm{dln}(E_K K/E_L L)}{\mathrm{d}t} \tag{6-7}$$

将（6-7）式简化可得：

$$\mathrm{d}\theta_K = \theta_K(1 - \theta_K)\frac{\sigma - 1}{\sigma}(\lambda_{E_L} - \lambda_{E_K} + \lambda_L - \lambda_K) \tag{6-8}$$

其中，σ 为投入要素的替代弹性，λ_{E_L} 和 λ_{E_K} 为劳动和资本的效率水

平，λ_L 和 λ_K 为劳动力和资本两种要素效率的增长率。将（6 - 3）式对 t 求导后，将（6 - 8）式代入，得

$$\frac{d\lambda_y}{dt} = \theta_K (1 - \theta_K) \frac{\sigma - 1}{\sigma} (\lambda_{E_L} - \lambda_{E_K} + \lambda_L - \lambda_K)^2 \qquad (6 - 9)$$

由此可见，产出增长率的大小不仅受资本 - 劳动替代弹性的影响，也与技术进步偏向线性相关。在要素边际报酬等于边际产出且假设投入要素只有资本和劳动力的前提下，边际产出 θ_K 及 θ_L 是内生变量，要素产出的大小受替代弹性、要素效率水平及要素增长率的影响。由（6 - 9）式可知，经济增长率的快慢不仅受技术进步的影响，同时受要素替代弹性的影响。此外，当替代弹性 $\sigma > 1$、$(\lambda_{E_L} + \lambda_L)$ - $(\lambda_{E_K} + \lambda_K)$ 之间差距扩大时，产出增长率提高；当替代弹性 $\sigma < 1$、$(\lambda_{E_L} + \lambda_L)$ - $(\lambda_{E_K} + \lambda_K)$ 之间差距扩大时，产出增长率降低；当替代弹性 $\sigma = 1$ 且 $\lambda_{E_L} + \lambda_L = \lambda_{E_K} + \lambda_K$ 时，经济增长率不变。进一步直观地解释：假设技术进步为中性技术进步，当替代弹性显著大于 1 时，一种要素生产率的快速增长会导致边际产出上升；反之，要素替代弹性较小，一种要素生产率的快速增长将会导致边际产出下降。① 因此，要素投入过多（过少）或各要素投入比例不协调都会影响经济增长率。当技术进步为偏向型时，若各要素增速相同，替代弹性越大则经济增长速度越快，替代弹性越小则经济增长速度越慢。

6.3 要素替代弹性与物流产业增长的模型设定及数据说明

通过上一节的理论推导可知，要素替代弹性的提高与经济增长之间

① Nelson（1965）认为替代弹性是反映边际报酬递减速度的一个指标，替代弹性较大则边际报酬递减较慢。

存在千丝万缕的联系，德拉格兰德维尔假说认为要素替代弹性的提高有利于经济增长，也有学者基于不同的理论框架提出了不同的看法。当前，从国内的研究现状来看，学者们从宏观经济、工业以及农业等角度对德拉格兰德维尔假说进行了验证，并支持了该观点，但是研究的领域并没有涉及物流产业。为补充相关领域的研究，在前文对 1978～2015 年中国物流产业要素替代弹性测算和分解的基础上，本节将德拉格兰德维尔假说对物流产业的适用性进行检验，分析要素替代弹性对物流产业增长的影响，为要素替代弹性与经济增长的研究提供一个新的视角。

6.3.1 模型设定

在获得各地区物流要素替代弹性的基础上，需要进一步验证其对物流产业增长的影响，建立如下方程：

$$y_{i,t} = \gamma_0 + \gamma_1 \sigma_{i,t} + \sum_n \gamma_3 X_{i,t} + \varepsilon_{it} \qquad (6-10)$$

其中，$y_{i,t}$ 代表 i 地区 t 时期的产业增长率，$\sigma_{i,t}$ 代表 i 地区 t 时期的资本 – 劳动替代弹性，$X_{i,t}$ 代表会影响物流产业增长的控制变量。

控制变量包括 i 地区第 t 年的产业结构（$stru_{i,t}$）、资本收益率（$r_{i,t}$）。对控制变量的选取以及核算标准，有关数据的来源和对数据的说明中在后文有详细陈述。

6.3.2 数据来源及说明

通过对要素替代弹性影响经济增长的内在作用机制可知，要素替代弹性通过效率效应和分配效应对经济增长产生影响。要素替代对经济增长的效率效应和分配效应主要体现在效率效应有助于资本边际产出的增加，而分配效应则有助于资本积累速度的提升，当资本的边际产出或资本积累增加时，经济增长率随之提升。为衡量要素替代弹性对物流产业的增长效应，本书使用 1978～2015 年 29 个省、自治区、直辖市（西藏和港澳台除外，四川与重庆合并计算）的相关数据，为进一步验证要素替代弹性对物流产业增长的影响，需要进一步确定相关变量的数据来源。

要素替代弹性数据的获取是衡量要素替代弹性对物流产业增长的关键。对要素替代弹性数据的测算，需要获取物流产业增加值、资本存量以及劳动力投入等相关数据。

产业增加值数据：选取历年各地区物流产业增加值，其中 1978～2008 年的数据来自《新中国 60 年统计资料汇编》、2009～2015 年数据由各地区统计年鉴提供，并将获得的数据以 1978 年为基期进行平减。对变量的定义和详细的统计描述见本书第 4 章，在此不再赘述。

行业资本存量数据：采用永续盘存法对物流产业的资本存量进行估计，即 $K_{i,t} = K_{i,t-1}(1-\delta) + \dfrac{I_{i,t}}{p}$。其中 $I_{i,t}$ 为历年分省物流产业固定资产投资总额，p 为固定资产投资价格指数，折旧率 δ 为 5.42%。有关基期资本存量的值、折旧率的选取以及物流产业资本存量的核算公式中各变量的确认，详见本书第 4 章中有关求解行业资本存量中各要素的具体解释，在此不再赘述。其中，为求资本存量所需要的固定资产投资额来源于《中国固定资产投资统计资料》以及《中国固定资产统计年鉴》。

劳动力投入数据：选取各地区物流产业职工年末人数作为各年行业劳动力的投入数量，其中 1978～1987 年的数据来自《中国劳动、工资统计资料》及各地区统计年鉴，1988～2015 年数据来自《中国劳动统计年鉴》。对变量的定义和详细的统计描述见第 4 章，在此不再赘述。

在获得产业增加值、资本存量以及劳动力投入的基础上，根据 (4-13) 式并通过 VES 生产函数并利用求得 29 个省、自治区、直辖市 1978～2015 年的要素替代弹性，具体的推导和计算过程已经在前文第 4 章中有详细的过程，在此不再赘述。此外，虽然本书第 4 章中已经将全国及东部、中部、西部历年的要素替代弹性进行分析，但并没有将各省、自治区、直辖市的要素替代弹性进行详细列示，为进一步分析要素替代弹性与物流产业增长之间的关系，且为方便比较，将各省、自治区、直辖市的要素替代弹性均值进行列示，并按区域划分进行归类，详见表 6 - 1。

表 6 - 1　　　　　　1978 ~ 2015 年各省、自治区、直辖市
要素替代弹性的均值

东部地区	要素替代弹性	中部地区	要素替代弹性	西部地区	要素替代弹性
山东	1.938	江西	1.531	四川	1.743
广东	1.873	黑龙江	1.192	宁夏	1.451
上海	1.608	河南	0.948	甘肃	1.121
北京	1.356	山西	0.935	陕西	0.848
江苏	1.124	湖北	0.874	云南	0.765
浙江	0.462	辽宁	0.852	内蒙古	0.754
天津	0.296	湖南	0.800	广西	0.645
海南	0.124	吉林	0.775	青海	0.557
福建	0.122	河北	0.754	贵州	0.529
东部均值	0.989	安徽	0.225	新疆	0.01
全国均值	0.904	中部均值	0.889	西部均值	0.842

资料来源：作者根据 Stata 统计输出结果整理。

由表 6 - 1 可知，东部地区的要素替代弹性均值最高，为 0.989，其中山东、广东、上海、北京、江苏地区的要素替代弹性大于 1，资本和劳动力之间为替代关系；中部地区要素替代弹性均值为 0.889，其中江西和黑龙江的要素替代弹性均值大于 1，其他省份均小于 1；西部地区要素替代弹性的均值为 0.842，其中四川、宁夏、甘肃地区的要素替代弹性大于 1，其他省份的要素替代弹性小于 1。可见，东部地区的要素替代弹性高于中部和西部地区，结合区域经济发展来看，要素替代弹性和区域经济增长之间存在促进作用。要素替代弹性与物流产业增长之间的关系如何，将在下文进一步分析。

此外，根据（6 - 10）式可知，除要素替代弹性之外，资本收益率、产业结构以及旅客周转量的等因素同样会影响物流产业的增长，具体的核算方法和数据来源如下。

产业结构数据：一国产业结构的基本演进由第一产业占优势比重向第二、第三产业占优势比重演进，从各产业对物流产业的需求来看，由于第二产业以实物的形式实现产业增值，对运输、仓储的需求较大。第三产业的价值创造主要来自无形的服务，对物流的依赖程度较小。可见，各地区产业结构不同对物流的需求也不同，区域产业结构变动对物流需求的影响是深刻的（喻小贤、陆松福，2007）。因此，本章考虑区域产业结构调整对区域物流需求的影响，用各地区第三产业从业人员占总就业人数的比重这一指标来衡量该影响，数据来源于《新中国 50 年统计资料汇编》以及各省区市统计年鉴。

资本收益率数据：资本收益率的高低由资本的当前供给与需求决定，资本收益率反映资本要素在行业间的配置效率。在一定时期内，资本往往会向收益率高的行业流动，同时产生更高的资本存量和更快的增长速递。资本收益率是影响物流产业固定资产投资的重要参数。该指标的核算借鉴郝枫（2014）的计算方法，用生产总值收入法核算中的总营业盈余与资本存量的比值来衡量。

有关产业增加值（Y）、物流产业资本存量（K）、劳动力投入（L）以及控制变量产业结构（$stru_{i,t}$）、资本收益率（$r_{i,t}$）等的含义和统计描述，详见表 6 - 2。

表 6 - 2　　　　　　　　变量的含义及相关统计描述

变量	指标	全国（1978～2015 年）				东部地区（1978～2015 年）			
		均值	标准差	最小值	最大值	均值	标准差	最小值	最大值
Y	产业增加值（亿元）	80.52	129.55	0.48	1185.41	121.69	183.18	0.49	1185.41
K	资本存量（亿元）	412.45	706.58	3.90	5326.74	640.49	1001.34	3.90	5326.74
L	物流从业人员（万人）	25.27	14.37	2.42	85.40	28.94	16.65	3.48	85.40
$stru$	第三产业从业人数比重	0.26	0.11	0.06	0.79	0.31	0.14	0.08	0.79
r	资本收益率	0.06	0.07	0.01	0.77	0.08	0.10	0.01	0.77

续表

变量	指标	西部地区（1978~2015 年）				中部地区（1978~2015 年）			
		均值	标准差	最小值	最大值	均值	标准差	最小值	最大值
Y	产业增加值（亿元）	41.40	70.74	0.48	603.20	82.58	102.44	2.54	502.97
K	资本存量（亿元）	268.42	476.43	7.70	3354.27	351.25	499.71	13.74	3236.63
L	物流从业人员（万人）	17.19	12.84	2.42	68.61	30.05	9.23	12.88	57.58
$stru$	第三产业从业人数比重	0.22	0.09	0.06	0.64	0.24	0.09	0.08	0.43
r	资本收益率	0.04	0.03	0.01	0.14	0.07	0.06	0.01	0.35

资料来源：根据 Stata 统计输出结果获得。

6.4　要素替代弹性与物流产业增长的实证检验

选定数据后，由于选定的数据为面板数据，固定效应模型（fixed effects model）和随机效应模型（random effects model）是估计面板数据的常用方法，对于固定效应模型和随机效应模型的选取，通常会利用面板数据的豪斯曼（Hausman）检验对模型进行选取。由于 Hansman 检验的前提条件是随机效应模型为完全有效估计量，而该条件很难达到，也会导致检验结果存在偏误。本书将固定效应模型和随机效应模型的结果均在文中进行列示。此外，在本书中，物流产业要素替代弹性是研究的关键变量，要素替代弹性的获取是通过对模型估计所得参数计算后获得，在进行要素替代弹性与物流产业增长时会产生内生性问题，学者多采用工具变量法（IV）来解决面板数据模型的内生性问题。从已有对要素替代弹性的研究来看，工会势力、通货膨胀率、养老、医疗保险以及人均货物周转率等变量被选择作为要素替代弹性的工具变量。有学者在对政府组织以及要素替代弹性的研究过程中认为，资本能否实现对劳动力的替代取决于该产业的工会势力，工会势力越强，该产业的资本 – 劳动替代弹性越低（Freeman and Medoff，1982）。因此，他们将工会势力作为要素替代弹性的工具变量。也有学者认为要素替代弹性是衡量效率和经济增长潜力的指标，当一国货币不再履行记账和交易媒介的职责时，货币的重新配置将引发高的通货膨胀率，因此通货膨胀率与要素替代弹性有关（Klump and Preissler，2000）。陈晓玲和连玉君（2012）认为企业承担的职工社会医疗和养老基金是企业劳动成本的重要组成部分，该值越大，企业越会选择用资本替代劳动力。因此选择人均社会医疗和养老基金占GDP 的比值作为要素替代弹性的工具变量。此外，郑猛（2015）认为旅客周转量和货物周转量是可以衡量要素的流动水平，因此选择单位旅客的货物周转量作为要素替代弹性的工具变量。此外通货膨胀率也不适合中国的国情。从数据的可得性来看，社会保险制度的实施从1991 年开始，[①] 1991 年之前的数据很难获得，社会医疗以及养老基金数据在各地区的缴纳存在很大的差异，且与本书研究的时间区间不符。单位旅客的周转量与物流产业增长率之间并不存在相互独立性，也不适合作为物流产业要素替代弹性的工具变量。

在处理内生性问题时，如果无法找到合适的工具变量，可以引入内生变量的滞后项作为工具变量。此外，对于面板模型通常采用两阶段最小二乘估计（2SLS）或采用 GMM 方法来解决内生性问题。本书在引入要素替代弹性的一阶滞后项的基础上，采用两阶段最小二乘估计（2SLS）对要素替代弹性和物流产业增长率之间的关系进行检验，同时采用滞后一期的两阶段最小二乘估计对模型的稳健性进行检验，实证分析及检验结果见表 6 – 3。

---

① 我国 1991 年 6 月 26 日发布《国务院关于企业职工养老保险制度改革的决定》。

表 6-3　　1978~2015 年要素替代弹性对物流产业的增长效应

变量	全国				区域		
	FE (1)	RE (2)	2SLS (3)	滞后一期 2SLS (4)	东部 (5)	中部 (6)	西部 (7)
常数 C	0.125*** (10.67)	0.131*** (14.91)	0.140*** (20.36)	0.136*** (20.21)	0.145*** (12.32)	0.118*** (8.79)	0.0758*** (4.97)
σ	0.0151*** (4.31)	0.0107*** (3.52)	0.00692*** (2.60)	0.00663** (2.49)	0.00789* (1.75)	0.0146** (2.05)	0.0282*** (4.31)
stru	-0.0598** (1.82)	-0.0653*** (2.70)	-0.0820*** (4.14)	-0.0787*** (3.95)	-0.0935*** (2.85)	-0.0687* (1.72)	0.0981* (1.90)
r	-0.0587 (1.27)	-0.0744** (2.04)	-0.0499 (1.44)	-0.0039 (0.13)	—	—	—
F	8.11 (0.000)	—	—	—	5.67 (0.0037)	5.02 (0.0071)	—
Wald	—	21.06 (0.000)	23.99 (0.000)	23.36 (0.000)	—	—	19.54 (0.0001)
Obs	1089	1089	1061	1060	380	342	380

注：（1）到方程（7）括号内的参数值为 t 值，***、**、* 分别表示在 1%、5% 和 10% 的显著性水平下显著。
资料来源：Stata 统计结果。

6.5 要素替代弹性对物流产业的增长效应

前文通过建立具有可变替代弹性的 VES 生产函数，将有偏技术进步引入生产模型，基于 1978～2015 年中国物流产业的相关数据，测算了中国物流产业的要素替代弹性，那么要素替代弹性对物流产业增长的影响如何呢？本章在分析有偏技术进步下的要素替代及其对物流产业经济增长影响的基础上，验证中国物流产业的发展是否同样符合德拉格兰德维尔假说，为未来物流产业的研究提供参考。

6.5.1 对要素替代弹性与物流产业增长关系的初判断

为了初步观察要素替代弹性对物流产业增长率之间的关系，本书采用散点图描述了要素替代弹性与物流产业增长率的关系，其中剔除了三个要素替代弹性较高而产业增长率较小的数据。由图 6－1 可知，纵轴代表物流产业的增长率，横轴代表要素替代弹性值，除少数散点的分布远离趋势线以外，大部分散点分布在趋势线的附近，要素替代弹性和产业增长率之间大致呈正的相关性。

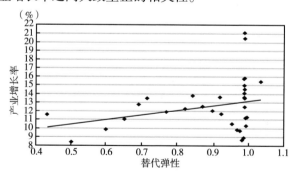

图 6－1　替代弹性与物流产业增长率的关系散点图

资料来源：根据 Stata 统计输出结果绘制。

6.5.2 要素替代弹性对物流产业增长的实证分析

由图 6-1 可知，要素替代弹性的提高有利于物流产业的增长，但要素替代弹性对物流产业增长率的具体影响程度需要进一步实证分析。由前文研究结论可知，三大区域的要素替代弹性及变化趋势存在很大的差异，而不同区域要素替代弹性的变化如何影响各自的产业增长是否同样支持德拉格兰德维尔假说，则需要进一步验证。将各地区 1978~2015 年的经济增长率作为被解释变量，以计算所得的要素替代弹性为解释变量，以产业结构、资本收益率、旅客周转率为控制变量，对（6-9）式进行检验，结果见表 6-3。从检验结果来看，在控制了其他变量之后，各地区要素替代弹性的参数均比较显著，且通过了 10% 显著性的水平，要素替代弹性与物流产业增长率之间存在正的相关性。从两阶段最小二乘估计（2SLS）的检验结果来看，消除了内生性之后的回归结果依然显著，各变量符号并无发生实质性的变化，模型的稳健性较高。

从回归方程（1）至方程（4）来看，分别采用固定效应模型估计、随机效应模型估计、两阶段最小二乘估计以及滞后一期的两阶段最小二乘估计，结果显示要素替代弹性对产业增长率的影响效应为正，且均通过了 5% 的显著性水平。从固定效应的回归结果来看，要素替代弹性 σ 的回归系数分别为 0.0151，这意味着从全国整体而言，要素替代弹性每提高 10%，物流产业增长率将提高 0.15%。这说明，改革开放以来，要素替代弹性的提高有助于中国物流产业的增长，这与其他产业的研究结论基本一致，符合德拉格兰德维尔假说的基本推论。从区域回归方程（5）至方程（7）来看，地区要素替代弹性的增长效应具有一致性，三大区域要素替代弹性的提高同样有助于区域物流产业增长率的提升。东部、中部、西部地区的要素替代弹性为正且均通过了显著性检验，要素替代弹性的提升有助于区域物流产业的增长。由于区域产业发展存在异质性，各地区要素替代弹性对物流产业的增长效应不同，存在西高东低的影响格局。东部、中部、西部地区的要素替代弹性的变量系数估计值西部最高，为 0.0282；中部次之，为 0.0146；东部最低，为 0.0079。这表明要素替代弹性每提高10%，则西部、中部、东部地区物流产业增长率将分别提升 0.28%、0.15% 和 0.08%。结合三大区域要素替代弹性的分析可知，相比东部地区较高的要素替代弹性，中部、西部地区资本－劳动替代弹性提高的空间更大。由前文分析可知，资本投入与劳动力匹配失当或是造成中部地区要素替代弹性较低的原因，因此，中部、西部物流产业的发展在不断注重资本投入、加大技术进步的同时，更应注重资本和劳动力投入的有效性，避免在生产过程中由于非适宜技术的选择而导致生产要素的低效配置或闲置。

从控制变量来看，各地区产业结构对物流产业增长率的影响为负，第三产业占比的提高并不会有效促进物流产业的发展。当前来看，中国产业结构正面临着由"重"到"轻"的转变，服务业占比提升并进一步超越制造业，会对物流产业的增长产生抑制作用，其原因在于物流产业的根本任务在于尽量缩短商品在流通过程中消耗的时间，为生产部门的效率改进提供服务。在实体经济不景气而服务业占比过高的情况下，势必会对物流产业增长率的提升产生消极作用。此外，值得关注的是，社会资本收益率对物流产业的增长效应为负，这符合梯若尔的"经济动态无效"，即虽有较多资本积累，但在社会资源已经严重损耗，劳动力成本不断上升的情况下，资本的边际收益率下降，进而不利于产业增长。

6.5.3 稳健性检验

为确保研究结论的稳定性，通常会对模型的稳健性进行检验，检验的方法有考虑滞后效应、剔除异常样本点以及动态面板估计等，本章考虑滞后效应对面板数据估计的稳健性进行检验。为探究要素替代弹性和其他控制变量对经济增长影响的滞后效应，将要素替代弹性与控制变量的值滞后一期之后，进行两阶段最小二乘估计（2SLS）。此外，考虑滞后变量能降低由于控制变量可能存在的内生性问题导致的估计偏误。从表6-3中的方程（4）来看滞后一期的2SLS估计结果，要素替代弹性 σ 以及控制变量中产业结构 stru 的系数均在5%和10%的水平上显著，控制变量中资本收益率 r 的系数依然不显著。与方程（3）相比，使用滞后项作为工具变量对模型进行检验，各变量的系数并没有发生显著的变化，要素替代弹性对物流产业增长的系数显著为正，各模型的回归结果具有稳定性。因此，可以得出结论：要素替代弹性对物流产业的增长具有促进作用。

6.6　小　　结

对物流产业的研究，多数学者仍以中性技术进步为假设前提来研究物流产业的全要素生产率，而中性技术进步建立在技术进步对资本和劳动力影响无差异的假设前提下，这显然与现实相悖。当前，在有偏技术进步的假设前提下对物流产业要素替代弹性增长效应的研究较少。本书选取中国物流产业1978~2015年29个省份的相关数据，将要素替代弹性的研究切入物流产业，在技术进步有偏的假设前提下，探讨自改革开放以来中国区域物流产业资本–劳动替代弹性的变化趋势以及对物流产业的增长效应，得到以下主要结论。

要素替代弹性与各区域物流产业增长之间存在正的相关性，这与其他产业的研究结论基本一致，符合资本–劳动替代弹性的提高能够推动经济增长的德拉格兰德维尔假说。三大区域要素替代弹性对区域产业的影响系数西部最高，为0.0282；中部次之，为0.0146；东部最高，为 0.0079。结合三大区域的要素替代弹性值来看，中部、西部要素替代弹性值的提升为区域物流产业的均衡发展提供了可能。此外，从各控制变量对物流产业的影响来看，第三产业占比及资本收益率对物流产业增长率的影响显著。其中，第三产业占比过高对物流产业增长率的影响为负，物流业的产业特性决定了当服务业占比过高而实体经济占比较低时，势必会抑制物流产业的增长。

基于以上结论可以看出，要素替代弹性的变化趋势是对要素禀赋结构转变的动态反映，区域物流产业的发展应注重生产要素及要素替代弹性的变化。从中国各区域的物流产业发展的潜力来看，首先，东部地区物流产业的增长潜力在于生产要素的相对充裕，应努力实现由规模经济向协调经济的转化。随着人口红利的释放以及劳动力工资水平的提升，如何提高劳动力的技能水平以及资本的合理配置，是实现物流产业地位提升的关键。其次，不同于东部地区，中部、西部地区的资本－劳动替代弹性相对较低，物流产业增长的潜力在于资本－劳动替代弹性的提高，中部、西部地区更需重视资本与劳动力投入的适度匹配，避免资本过度深化，提高要素投入组合的有效性。

如果将物流产业的均衡发展作为区域产业发展的目标，中部、西部地区在通过要素投入组合的有效配置提高产业效率的同时，要素替代弹性的提高为缩小区域物流产业发展的差异提供了可能。为判断要素替代弹性是否有利于降低区域物流产业增长的差异，本书第 7 章将对此问题进行论证。

第 7 章

要素替代弹性对物流产业
增长的收敛性分析

7.1　经济增长及收敛

对"收敛"的研究始于美国经济学家威廉逊的收入趋同假说,[①]
用于考察国家间以及区域间的经济增长以及收入水平在长期发展过程
中是否会出现相互趋同,他认为国内区域间的收入差距的趋势在较长
时间内呈倒 U 形。此后,很多学者从不同的角度对经济增长的收敛问
题进行了探讨。对收敛问题的研究最初用于考察国与国之间经济增长
的差异问题,威廉逊的研究就是基于 24 个国家的横截面数据以及 10
个国家的时间序列数据。此外,对于收入趋同假说,很多学者也提出
了异议,认为美国区域收入差距并不满足威廉逊的收入趋同假说,收
入差距在经历了一段时间的缩小后又趋于扩大,并提出了"经济发展
后期的地区收入趋异假说"(Amos,1988)。也有学者在对增长模型
中使用的 CES 生产函数进行要素替代弹性的推导和分析后,发现较高
的替代弹性会导致较稳定的经济增长状态,并使永久性增长成为可

---

① 威廉逊的收入趋同假说认为,经济发展通常存在一定的周期,在经济发展的初期,
收入水平的提高将导致区域间的差距逐渐拉大,随着经济的持续发展,收入水平将在一段
时间内保持稳定。此后,当经济进入成熟期以后,地区间的差距将进一步缩小。

能，同时指出了要素替代弹性对收敛速度的影响（Klump and Pre-issler，2000）。

相较于国与国之间的增长及收入趋同，国内学者更热衷于将威廉逊的收入趋同理论应用于国内区域差异的研究，并对国内各区域间经济增长的收敛效应进行分析。魏后凯（1992）认为中国区域间同样存在收入趋同的趋势且国民收入的变动大致呈倒 U 形，这从发展中国家的角度支持了威廉逊的收入趋同假说。此后，有学者（蔡昉、都阳，2000；沈坤荣、马俊，2002）对改革开放以来中国经济增长的特征进行研究，认为中国经济增长存在明显的时间趋势。其中，1978～1990年，中国经济增长存在"俱乐部收敛"①，且收敛的速度为 2%，各地区经济发展的差距逐渐缩小；1990 年之后，中国区域间经济增长以 1%的速度扩散，区域经济发展的差距逐渐扩大。蔡昉和都阳（2000）研究了中国东部、中部、西部三大区域经济增长的条件趋同和俱乐部趋同现象，认为三大区域间的差距有扩大的趋势，资源禀赋、市场开放以及要素扭曲是影响中部、西部地区向东部地区趋同的关键因素。段平忠（2008）认为国内学者对区域经济收敛的研究主要有三个显著特征：首先，相较国际间生产技术、要素禀赋、制度以及法律等因素的影响，国内区域与区域间的差异相对较弱，这会减少外部因素对区域间经济收敛的影响；其次，要素的流动速度是衡量区域经济发展活力的重要指标，很显然要素在国内区域间的流动比国家间的流动性更强，要素在区域间的流动将有利于区域经济的趋同；最后，考虑国家政策因素的影响，国与国之间通常存在不同的法律制度、政府行为等，而这种影响在国内的区域间通常不存在。可见，学者对区域经济增长收敛的研究较多，对产业收敛性的实证研究仍较缺乏，然而产业收敛性分析是经济增长收敛性来源的前提（彭安丽、陈志，2006）。

物流业是区域经济增长的加速器，在提升国内经济增长质量和数

---

① 俱乐部收敛，是指在相同经济、开放度、文化等结构特征的区间内存在着一定的增长收敛趋势。

量的研究过程中，也有学者对物流产业收敛性进行了研究，但学者们关注的焦点以物流产业效率及技术效率的收敛为主。张建升（2011）认为中国东部、中部、西部三大区域物流业发展的绝对差距在扩大但区域内部差距①在缩小，且 1996 年以后区域物流产业发展的差异呈现收敛特征。王健、梁红艳（2013）通过测算 1996~2011 年中国物流产业全要素生产率变动，认为技术进步是物流产业 TFP 增长的源泉，技术效率对全要素生产率水平的提高起阻碍作用，要素投入对物流业增长的作用高于 TFP 的贡献。此外，物流业 TFP 存在收敛特征，东部、中部、西部地区不存在明显的收敛特征。任庆华和张红历（2014）基于 1996~2012 年的数据，支持了物流产业存在 β 收敛的结论，且收敛的速度西高东低，西部地区的收敛速度最快，中部次之，东部地区的收敛速度最慢。倪超军、李俊凤（2016）基于生产前沿模型对物流产业技术效率的区域差异及收敛性进行了研究，认为物流技术效率存在"东高西低"的格局，区域物流技术效率存在较强的条件收敛。陈文新等（2016）基于中国物流产业 2010~2014 年的相关数据，对物流发展水平的收敛性进行了分析，研究结论认为物流产业存在明显的收敛，但在空间上存在明显的差异，此外，各区域平均收敛速度具有明显的聚集效应，收敛速度呈现"西高东低"的趋势。

　　从对物流产业收敛的研究现状来看，现有研究多围绕物流产业技术效率以及全要素生产率的收敛性展开，结论基本认为中国物流产业的技术效率和全要素生产率存在收敛效应，且在空间上存在明显的差异。然而，生产率的收敛并不等同于经济增长的收敛，孙元元（2015）认为生产率自身收敛性对经济增长的收敛性受国家技术水平的影响。此外，学者研究经济收敛性时多着眼于人力资本、固定资产投资、产业结构、市场化程度、基础设施状况等（周富国、夏祥谦，2008；石清华，2011），从要素投入及要素替代的角度对经济增长收敛性的研究较少。然而，从影响经济增长收敛的因素来看，有学者认

---

　　① 绝对差距指三大区域之间的差异，内部差距指区域内部城市与城市间的差距。

为要素投入对物流业增长的影响作用更强。黄安胜（2014）从生产要素角度入手，对区域经济增长的差异和收敛性进行了分析，认为要素投入水平是导致区域经济增长存在差异性和影响区域经济增长收敛性的关键性因素。此外，他认为生产要素投入对不同区域经济增长的收敛性不同，由于初始要素禀赋和内部增长的速度相对缓慢，生产要素在区域间的流动是影响区域经济增长收敛的关键。进一步，要素替代弹性反映要素投入和要素替代的难易程度，在研究影响物流产业增长收敛的因素中，鲜有考虑要素的可替代性对产业增长及其收敛性的影响，因此将要素替代弹性纳入对物流产业增长收敛性的研究范畴，将是对产业增长研究有益的尝试。

7.2 收敛性的定义及测算方法

有关收敛性的思想最早来源于维布伦（Veblen，1915），他通过对英国和德国的工业革命进行对比后发现，工业革命开始较晚的德国通过技术引进，其经济增长的速度高于工业革命较早开始的英国。从长远角度看，Veblen 认为德国与英国之间的经济增长的差距会逐渐缩小，并最终赶上英国。索洛（1956）认为随着资本边际报酬的递减，经济落后地区的增长速度会逐渐向发达地区追赶并最终收敛于稳定状态。此外，他认为由于经济结构、经济特征的不同，收敛具有不同的特征，并根据不同的特征将收敛分为 α 收敛、绝对 β 收敛、条件 β 收敛、俱乐部收敛等多种类型。

7.2.1 α收敛

α 收敛系数是用于衡量区域经济增长收敛性的最直接和常用的方

法，用 α 收敛系数来衡量区域产业的收敛性时，一般用变异系数法来分析，即用地区人均产业增加值对数的标准差来衡量。一般情况下，当标准差越大时，变量偏离平均值的水平越大，变量指标的离散程度越高；反之，当标准差越小时，变量偏离平均值的水平越小，变量指标的收敛程度越高。标准差的表达式为：

$$\alpha_t = \sqrt{\frac{1}{n}\sum_{i=1}^{n}\left(\log y_{it} - \frac{1}{n}\sum_{i}^{n}\log y_{it}\right)}$$

其中，n 表示地区的数量，y_{it} 表示 i 地区 t 年的产业增加值。假设在某一时刻 $\alpha_{t+s} < \alpha_t$，则认为产业增长存在收敛性。可见，α 收敛通常使用单一的指标对变量的收敛性进行衡量，其优点在于计算方便、较易应用。但如果用单一的指标对收敛性进行判断可能会导致偏差。

7.2.2 绝对 β 收敛

有学者基于对资本边际收益率的考察，认为经济欠发达地区的资本边际收益率通常较高，从而拥有较高的经济增长速度（Barro and Sala-i-Martin，1992）。而经济发达地区的资本边际收益率较低，其经济增长速度会低于欠发达地区。因此，随着时间的推移，经济欠发达地区由于拥有较高的经济增长率，将与经济发达地区的经济发展水平收敛于某一均衡水平。经济欠发达地区可以赶超经济发达地区，则经济增长率与经济初始发展水平之间必然存在负的相关性，绝对 β 收敛的表达式为：

$$g_y = c + \beta(y_0) + \mu$$

其中，g_y 表示产业增加值的增长率，y_0 表示产业增加值的初始值。根据 β 收敛的经济解释，当对产业增加值的增长率与初始产业增加值进行回归，得到 β < 0，则认为区域产业增加值存在 β 收敛。由 β 绝对

收敛的方程式可知，β 系数值仅与产业增加值有关，而与其他变量无关。徐鹏程（2010）认为在大范围样本条件下，绝对 β 收敛需要不同经济体有相同的人口增长率、折旧率以及投资率等经济特征，因而绝对 β 收敛较难获取。因此，现有研究更倾向于引入相关控制变量来分析 β 收敛，学者称之为条件 β 收敛。

7.2.3　条件 β 收敛

基于绝对 β 收敛，在考察经济增长率与初始收入水平的相互关系的同时，将生产要素的流动、产业结构、资本收益率、人口增长率等影响因素引入对 β 收敛的分析，称为条件 β 收敛，其表达式可以设定为：

$$g_y = c + \beta(y_0) + X_i + \mu$$

与绝对 β 收敛相似，g_y 表示产业增加值的增长率，y_0 表示产业增加值的初始值，X_i 表示影响产业增加值收敛的一系列控制变量。可见条件 β 收敛的 β 参数值不但受产业增加值的影响，也受其他控制变量的影响。

7.2.4　俱乐部收敛

俱乐部收敛是指结构特征相似但初始收入水平接近的地区内部存在的收敛。这种收敛不是典型的绝对 β 收敛和条件 β 收敛，即在区域与区域之间不存在绝对 β 收敛也不存在条件 β 收敛，其考察对象将每个地带视为同质经济集团。由于中国区域经济发展东部、中部、西部差异的存在，很多学者对中国区域经济增长的俱乐部收敛进行了分析。

当前，国内文献对于中国地区间增长收敛的研究大多基于新古典收敛理论，基于 σ 收敛指数、绝对 β 收敛指数、条件 β 收敛指数以及俱乐部收敛指数等对中国经济增长和地区经济差距进行测度，并通过实证分析来检验中国区域之间以及区域内部是否存在绝对收敛、条件收敛或俱乐部收敛。典型的研究如刘强（2001）通过对中国区域经济增长的收敛性分析，发现中国省际经济增长不存在收敛性，但是东部、中部、西部三大区域内部存在显著的收敛，即满足俱乐部收敛。他从微观机制的角度对影响中国经济收敛的影响机制和因素进行分析后发现，资本收益递减、技术扩散以及生产要素重置是影响经济增长的三个微观因素。

7.3　对收敛的解释——基于微观经济增长模型

7.3.1　对收敛机制的经济学推导

关于经济增长收敛性的考察，学者多关注经济增长是否具有收敛性，较少关注影响经济增长收敛的微观机制。众所周知，收敛性用于考察各经济体发展水平趋于稳态的过程，对经济增长收敛性的解释和推理，有助于理解经济增长收敛的机制。在本节采用形式较为简单的柯布－道格拉斯生产函数（简称 C-D 生产函数）进行推理。借鉴彭安丽、陈志（2006）利用新古典经济增长理论对经济增长的收敛性进行理论推导的方法，将 C-D 生产函数的形式设定为：

$$Y_t = A_t K_t^{\alpha} L_t^{1-\alpha} \tag{7-1}$$

则每单位有效劳动的产出量为：

$$y_t = \frac{Y_t}{A_t L_t} = k_t^{\alpha} \tag{7-2}$$

由（7-2）式可知，单位有效劳动产出量的增长率与总产出量的增长率成正比，与劳动力的增长率以及技术进步水平的增长率成反比。在技术进步水平保持不变的情况下，假设储蓄率为 s，劳动力的

增长率为 n，资产的折旧率为 δ。根据索洛有关经济增长达到稳态时的条件，每单位有效劳动增加的储蓄 sy_t 应满足为维持现有水平所需的资本量为 $(n+\delta)k_t$，即：

$$sy_t = (n+\delta)k_t \qquad (7-3)$$

将（7-2）式代入（7-3）式，可得，达到稳态时：

$$k_t = \left(\frac{s}{n+\delta}\right)^{\frac{1}{1-\alpha}} \qquad (7-4)$$

同时将（7-4）式代入（7-2）式，可得达到稳态时：

$$y_t = \left(\frac{s}{n+\delta}\right)^{\frac{\alpha}{1-\alpha}} \qquad (7-5)$$

进一步，由（7-2）式可知人均产出增长率与人均资本增长率的关系，表达式为：

$$g_y = \alpha g_k \qquad (7-6)$$

假设 g_y 和 g_k 分别表示人均产出增长率和人均资本增长率，由（7-2）式和（7-3）式可得人均资本变动的增长率：

$$g_k = s\frac{y_t}{k_t} - (n+\delta) = sk_t^{-(1-\alpha)} - (n+\delta) \qquad (7-7)$$

则人均产出增长率为：

$$g_y = \alpha sk^{-(1-\alpha)} - \alpha(n+\delta) \qquad (7-8)$$

从（7-8）式可以看出，当 $\alpha < 1$ 时，人均产出增长率是收敛的。

进一步，对 C-D 生产函数的人均产出增长率进行推导可知：

$$g_k = \frac{\mathrm{d}\ln k(t)}{\mathrm{d}t} \cong -(1-\alpha)(n+\delta)\ln\left(\frac{k}{k^*}\right) \qquad (7-9)$$

其中 k^* 为经济稳态时的人均资本水平，y^* 为经济稳态时的人均产出水平。

$$\ln \frac{y}{y^*} = \alpha \ln\left(\frac{k}{k^*}\right) \qquad (7-10)$$

将 (7-10) 式代入 (7-9) 式，得出稳态附近的人均产出增长率为：

$$g_y \cong -(1-\alpha)(n+\delta)\ln\left(\frac{y}{y^*}\right) = \lambda \ln\left(\frac{y}{y^*}\right) \qquad (7-11)$$

(7-11) 式中的 $\lambda = (1-\alpha)(n+\delta)$ 即为收敛速度，表示单位有效劳动产出向稳态收敛的速度。

7.3.2　影响经济收敛的微观因素分析

从当前学者对影响经济增长收敛的因素分析来看，资本、技术以及生产要素是影响经济增长收敛的三大因素。资本收益递减是影响经济增长收敛的首要因素，当资本的增长率大于产出的增长率时，进一步增加资本投入并不会产生相应的产出，边际收益下降。随之，资本收益下降向前向后进行传导，将会影响储蓄和投资的减少，并最终导致经济增长率的下降。因此，资本收敛机制可以归纳为资本收益递减导致资本收敛，进而导致经济增长收敛。但也有学者对资本收益递减的收敛机制提出了不同的看法，如赵伟（2005）认为资本收益递减的规律仅适用于物质资本，而人力资本和知识资本具有一定的外溢性，知识资本和人力资本投入的增加对经济增长的影响会趋于发散，即拥有较多知识和人力资本的地区将拥有高的产出，而缺乏知识资本和人力资本的地区的经济增长会减缓，从而导致区域经济增长的差异扩大。

除了资本收益递减的影响之外，技术进步是影响产业经济增长收敛的第二因素。有学者认为区域之间往往会存在技术差异，在经济追赶的过程中，技术落后地区的经济增长率往往高于技术领先地区，从而导致区域经济增长的收敛（Abramovitz，1986），且技术落后地区向技术进步地区的经济收敛，在于技术进步的扩散效应（Barro and Sara-I-Martin，1995）。从技术扩散的效应看，相较于技术创新的成本，技术模仿具有更低的成本。当技术随着区域间的贸易及国际直接投资（FDI）等发生扩散时，往往会发生技术落后地区向先进地区的模仿，进而缩小区域间的技术差距。由此可见，技术落后地区与技术领先地区的差距越大，越有利于发挥技术进步的正外部性，从而有助于技术进步在不同区域间的收敛，技术的收敛将导致技术落后地区拥有比技术先进地区更高的经济增长率，从而导致不同区域间经济增长的收敛。技术收敛机制受技术扩散效应的影响会导致经济增长的收敛，但技术扩散效应随距离的增加而降低，因此技术收敛机制的收敛效应具有一定的局限性。

随着生产要素流动性的增强，区域之间的相互作用并不是单一的，生产要素在区域间的重新配置是导致经济增长收敛的第三因素。生产要素的重新配置对经济增长收敛的传导机制，在于生产要素在区域间的重新配置有助于劳动生产率的提升，从而有助于经济增长的收敛。由于生产要素具有逐利性，生产要素在不同区域的回报率不同，必将会出现生产要素向收益率较高的部门移动。在经济发达地区，由于经济发展速度较快，劳动力相对缺乏，而不发达地区的劳动力为追逐高的工资水平，必然会流向发达地区。此外，随着发达地区经济的发展，资本投入增加将导致边际收益递减，为寻找更高的投资回报率，资本会从发达地区向不发达地区流动，谭崇台（1996）认为要素间的流动将导致区域劳动生产率的均衡，并最终使区域经济达到收敛。然而，生产要素的收敛机制同样存在制约性，需要强调的是，劳动力的流动同样会出现要素的分离均衡[①]（李春艳，2013），具有一定技术水平的劳动力由不发达地区向发达地区的流动，将导致"强者更强，弱者更弱"的局面。此外，生产要素在区域间的自由流动需要开放、统一的市场机制，然而不同

---

① 分离均衡，即具有一定技术水平且生产率高的劳动力从落后的地区流向经济发达的地区，结果导致发达地区生产率上升得更快，而落后的地区生产率增长得更慢。

区域间往往存在保护性的产业政策以及政治环境，因此生产要素的收敛机制同样存在局限性。

本章讨论了影响经济增长收敛性的三大因素及内部作用机制。生产要素在区域之间的流动也是影响区域经济收敛的重要因素之一，要素替代弹性对物流产业增长的收敛效应如何，将在下文中讨论。

7.4　要素替代弹性与物流产业增长收敛

7.4.1　模型设定

在获得各地区物流要素替代弹性的基础上，进一步验证要素替代弹性对物流产业增长的收敛性，根据萨拉 - 伊 - 马丁（Sara-i-Martin，1996）的研究，构造绝对 β 收敛方程如下：

$$\frac{\ln y_{i,t} - \ln y_{i,0}}{T} = \alpha + \beta \ln y_{i,0} + \varepsilon_{it} \qquad (7-12)$$

其中，$y_{i,t}$ 代表 i 地区 t 时期的产业增长率，$\frac{\ln y_{i,t} - \ln y_{i,0}}{T}$ 表示从期初到 t 时期的年均产业增长率，α 为常数，当 $\beta < 0$ 时，表明产业增长存在绝对 β 收敛。同时，为考虑要素替代弹性及其他控制变量对物流产业增长收敛的影响，在绝对 β 收敛的基础上加入控制变量的影响，并构建条件 β 收敛回归方程如下：

$$\frac{\ln y_{i,t} - \ln y_{i,0}}{T} = \alpha + \beta \ln y_{i,0} + \lambda_1 \sigma_{i,t} + \lambda_i \sum X_{i,t} + \varepsilon_{i,t}$$

$$(7-13)$$

其中，$X_{i,t}$ 表示对物流产业增长收敛性有影响的一系列控制变量。对控制变量的选取，首先，由分析可知资本收敛机制是影响产业增长的重要因素，资本收益随着投入量的增加而减少，进而在影响进一步投资和储蓄的基础上导致经济增长趋向收敛，因此将资本收益率纳入控制变量。其次，考虑区域产业结构调整对物流产业增长收敛性的影响，采用第三产业从业人员占总就业人数的比重来衡量。最后，对旅客的周转能力反映劳动力要素在区域间的流动，旅客周转能力较强时有利于劳动力的流动，劳动力在区域间的合理流动有助于产业趋向于收敛。因此，对物流产业收敛性的分析，将要素替代弹性 σ、资本收益率 r、产业结构 $stru$、旅客周转率 $lkzz$ 等变量设为研究物流产业增长收敛性的控制变量。

7.4.2 数据来源及说明

在考虑数据可得性的基础上，本书使用 1978 ~ 2015 年 29 个省份的相关数据，在前文获得历年各省要素替代弹性的基础上，进一步考虑要素替代弹性对物流产业增长的收敛性。产业增长的收敛性在受到要素替代弹性的影响时，也受资本收益率 r、产业结构 $stru$、旅客周转率 $lkzz$ 等相关因素的影响。

产业增长率数据：选取历年各地区物流产业增加值，其中 1978 ~ 2008 年的数据来自《新中国 60 年统计资料汇编》、2009 ~ 2015 年数据由各地区统计年鉴提供，并将获得的数据以 1978 年为基期进行平减。将产业增加值进行计算，可得历年物流产业的产业增长率。

行业资本存量数据：采用永续盘存法对物流产业的资本存量进行估计，即 $K_{i,t} = K_{i,t-1}(1-\delta) + \dfrac{I_{i,t}}{p}$。其中 $I_{i,t}$ 为历年分省物流产业固定资产投资总额，p 为固定资产投资价格指数，折旧率 δ 为 5.42%，这与马越越（2015）等关于物流产业资本存量估算中采取的折旧率一致。为确定基期资本存量的值，采用 $K_{1978} = \dfrac{I_{1978}}{\delta + g_i}$，$g_i$ 为投资几何平均增长率。在此，我们借鉴张军（2004）的核算方法，直接将分母设定为

10%。其中，历年固定资产投资额来源于《中国固定资产投资统计资料》以及《中国固定资产统计年鉴》。

劳动力投入数据：选取各地区物流产业职工年末人数作为各年行业劳动力的投入数量，其中1978~1987年的数据来自《中国劳动、工资统计资料》及各地区统计年鉴，1988~2015年数据来自《中国劳动统计年鉴》。

资本收益率数据：该指标的核算借鉴郝枫（2014）的计算方法，用生产总值收入法核算中的总营业盈余与资本存量的比值来衡量。

产业结构数据：用历年第三产业人口与总就业人口的比值来衡量，数据来源于《新中国50年统计资料汇编》以及各省区市统计年鉴。

旅客周转量数据：城市化水平的提升以及劳动力的流动，对物流的需求结构产生影响。同时，随着居民生活水平的提升，消费水平和消费方式随之发生转变，旅游消费将直接促进物流服务需求的增加。根据相关统计数据，衡量物流运输能力的指标有货物周转量和旅客周转量，由于货物周转量无法区分是生产导致的货物周转还是消费导致的货物周转，因此，用旅客周转量这一指标来衡量各地区由于居民消费结构转变所需要的物流运输能力。该指标的相关数据来源于国家统计局，① 相关变量的统计性描述详见表7-1。

表7-1　　　　　　　　　变量及相关统计描述

变量	含义	均值	最小值	最大值	标准差
Y	产业增加值（亿元）	80.52	0.48	1185.41	129.55
K	资本存量（亿元）	332.06	13.35	4226.3	569.38
L	物流从业人员（万人）	25.27	2.42	85.4	14.27
r	资本收益率	0.06	0.01	0.77	0.07
$stru$	第三产业从业人数/总就业人数	0.26	0.06	0.79	0.11
$lkzz$	旅客周转量	5.66	0.42	156.28	14.09

资料来源：根据Stata统计输出。

---

① 国家统计局统计数据相关网站 http://data.stats.gov.cn。

7.5 计量结果及分析

威廉逊的区域收入趋同假说认为，在经济发展初期，区域间经济发展的差距会随着收入的提升而扩大，随着经济发展的成熟，区域经济发展的差距将会逐渐缩小并进而趋同。根据新古典经济增长理论，资本－劳动比率是造成区域间要素收入差距产生的原因，如果区域间要素可以自由流动，当区域资本－劳动比率较低时，劳动力将会流向资本丰裕的地区，而资本会向劳动力丰裕的地区流动，要素的自由流动将有助于缩小区域产业增长的差异，并使各地区的产业发展趋于收敛。由前一章对物流产业要素替代弹性的分析可知，中部、西部地区要素替代弹性的提高为缩小区域物流产业差异提供了可能。为检验区域物流产业是否存在收敛以及受要素替代影响的程度如何，根据学者有关 β 趋同模型的相关研究，由（7－16）式和（7－17）式可知，如果 β 系数显著为负则表明存在 β 收敛。在研究收敛效应的过程中，控制变量除考虑要素替代弹性的影响外，同时考虑产业结构、社会资本收益率以及旅客周转量对收敛的影响，为具体分析要素替代弹性对物流产业收敛性的影响，构造区域物流产业增长的 β 收敛方程［表7－2中的（1）~（4）］并进行回归，为检验模型的稳定性，逐步引入控制变量，结果见表7－2。

表7－2　　1978~2015 年要素替代弹性对物流产业增长的收敛性分析

变量	绝对 β 收敛		条件 β 收敛	
	（1）	（2）	（3）	（4）
常数 C	0.0133 *** （15.55）	0.0119 *** （10.48）	0.0425 *** （11.50）	0.0387 *** （7.30）
β 收敛系数	－ 0.0792 *** （6.383）	－ 0.0820 *** （6.563）	－ 0.0957 *** （7.36）	－ 0.1014 *** （7.10）

变量	绝对 β 收敛		条件 β 收敛	
	(1)	(2)	(3)	(4)
stru	—	—	− 0. 0405 *** (6. 19)	− 0. 0435 *** (7. 88)
r	—	—	0. 0573 *** (4. 89)	0. 0540 *** (3. 06)
lnlkzz	—	—	− 0. 00405 *** (6. 33)	− 0. 00333 *** (4. 75)
σ	—	0. 00160 * (1. 779)	—	0. 00115 *** (3. 35)
F	40. 75 (0. 000)	—	—	20. 27 (0. 000)
Wald	—	43. 99 (0. 000)	(0. 000)	—
Obs	1102	1102	1054	1054
R-squared	0. 0348	0. 5316	0. 5425	0. 2524

注：(1) ~ (4) 参数值括号内为 t 值，*** 、** 、* 分别表示在 1%、5% 和 10% 的显著性水平下显著。

资料来源：根据 Stata 统计输出。

从表 7 - 2 中可以看出，方程（1）和方程（3）分别为不考虑要素替代弹性 σ 的绝对 β 收敛和条件 β 收敛方程，方程（2）和方程（4）考虑要素替代弹性 σ 对条件 β 收敛的影响。通过分步回归结果来看，β 收敛系数均通过了 1% 的显著性水平，模型具有稳定性。物流产业增长呈现明显的绝对 β 收敛和条件 β 收敛，要素替代弹性是影响区域物流产业增长差距的重要原因。具体而言，首先，对比方程（1）和方程（2），1978 ~ 2015 年间，各地区物流产业增长均趋于收敛。所不同的是，如果不考虑要素替代弹性，物流产业的收敛速度为 7. 92%，而考虑要素替代弹性后的收敛速度提升为 8. 2%。这客观上说明，要素替代弹性有助于区域物流产业的趋同，缩小了区域物流产业发展的差异。其次，从条件收敛方程（3）来看，当引入产业结构、

资本收益率以及旅客周转率等控制变量后，β 收敛速度提升为
9.57%。其中，产业结构的优化以及旅客周转量的提升均有助于物流
产业增长的收敛，而资本收益率的提升则会抑制区域物流产业的收
敛，加大区域物流的"趋异"速度。最后，为进一步考察要素替代弹
性的收敛性，在方程（3）的基础上进一步引入要素替代弹性 σ 后，
方程（4）中 β 收敛速度显著提升为 10.14%。对比可知，要素替代
弹性对物流产业增长收敛的影响为显著正影响，要素替代弹性的提高
有助于缩小物流产业差异，这为区域物流产业的均衡发展提供了
可能。

7.6 小   结

中国物流产业正处于产业升级阶段，物流产业规模不断扩大。然
而，随着物流产业的快速发展，制约物流产业发展的因素逐渐显现，
从当前要素禀赋看，物流产业受劳动力要素稀缺、能源消耗多等因素
的影响，在要素粗放式积累对经济增长贡献下降的情况下，单一生产
要素对物流产业效率的提升空间有限。因此，物流产业结构的优化和
产业地位的提升需要从依靠单一要素向要素合理配置的转变。从前文
分析可知，中国物流产业在发展的过程中，由于地理位置、要素禀赋
的不同，物流产业在各区域发展过程中的生产效率和增长速度不同，
冯云（2008）认为物流产业对中国经济的影响巨大，区域物流产业发
展的不平衡是引发区域经济差距的重要原因。因此，本章以要素替代
对区域经济增长的影响为出发点，基于改革开放以来中国要素替代弹
性的测算结果，对要素替代弹性对区域物流产业收敛性进行了研究，
实证结果表明：在样本期间内，不考虑控制变量时，β 值在 1% 的水
平上显著为负，表明中国物流产业存在绝对 β 收敛。在绝对 β 收敛的

基础上，引入要素替代弹性后，物流产业的收敛速度从 7.92% 提升到 8.2%，表明要素替代弹性有助于缩小区域物流产业的差异。在绝对 β 收敛的基础上，同时引入产业结构、资本收益率以及旅客周转率等控制变量，物流产业的收敛速度进一步提升到 9.57%，当进一步引入要素替代弹性时，条件 β 收敛速度显著上升到 10.14%。由此可见，要素替代弹性对物流产业的收敛性具有显著的正效应。

由此可见，要素替代弹性有助于物流产业的收敛，加快区域间要素的合理流动有助于要素替代弹性的提高，将极大地增强要素替代弹性对区域物流产业增长收敛的贡献程度，缩小区域产业的发展差距。有助于政府在追求产业增长的同时，依据资本–劳动替代弹性的差异来判断区域要素禀赋结构，并因势利导、有区别地对待和控制不同要素的配比，为新常态下区域物流产业的均衡发展和产业地位的提升提供可能。

第8章

技术进步偏向、要素禀赋与物流业
绿色全要素生产率

　　经济增长方式转型和全要素生产率的提高是当前国民经济研究的热点，而物流业作为经济发展的桥梁，其效率的提升有助于人员、资本在区域间的流动，提高资本和人力在国民经济运行中的配置效率，最终促进经济增长，因此，流通效率水平的提高是实现经济增长方式转型成功的关键（韩彪、张兆民，2015）。然而，物流业长期的粗放式发展阻碍了物流资源的有效配置，提高了流通的费用，延长了流通的时间，进而直接影响商品流通运行的顺畅。数据显示，2015年的社会物流总费用为10.8万亿，占GDP的比重达16%，与国外发达国家的物流效率水平相比，中国仍存在很大的改善空间。很多学者对中国物流业的效率水平进行了研究，认为中国物流业全要素生产率水平很大程度上受所处区域的经济社会条件、要素资源禀赋的影响，技术水平的无效率加深也是物流业全要素生产率增长缓慢的根源（董誉文、徐从才，2017）。然而，从当前资源禀赋来看，物流业能源消耗多、碳排放量大，随着人口红利的消失，劳动力要素稀缺、人力成本上升等制约因素逐渐显现。鉴于资源禀赋和环境的约束，选择与其资源禀赋相协调的技术进步类型将会有效提升物流业的全要素生产率，是探寻产业发展新动力的新的尝试。而当前物流业技术进步的要素投入偏向如何，中国物流业的要素禀赋是否与技术进步偏向相匹配等问题，尚待深入研究。

8.1 要素禀赋与全要素生产率关系的理论探讨

全要素生产率（TFP）研究的鼻祖为美国经济学家法雷尔，他提出全要素生产率即产出量与投入量之比，认为对全要素生产率的测算需涵盖资本、劳动力、能源消耗等全部要素资源（Farrell，1957）。此后，索洛（Solow，2003）提出了测算全要素生产率的索洛余值法，他认为不能完全用要素投入来解释经济增长，并将技术进步纳入经济增长的范畴。社会生产过程是生产技术结合生产要素的过程，技术进步的偏向性通过改变不同要素间的边际替代率来改变其投入和产出，进而影响全要素生产率。当技术进步偏向与要素禀赋相适应时，可以提高充裕要素的边际生产率，进而有助于全要素生产率的提高；反之，则会对全要素生产率造成损失。关于技术进步和要素禀赋的研究始于 20 世纪 30 年代。希克斯（Hicks，1935）最早在《工资理论》中提出了与技术进步偏向相关的诱致性创新理论，认为要素价格的变化会对技术变革产生诱致性作用，要素的稀缺性通过要素价格进行传导，从而诱导技术进步偏向于使用丰裕的生产要素。肯尼迪（Kennedy，1964）认为诱致性创新理论建立在要素价格相对变化的基础上，并在 Hicks 诱致性创新理论的基础上提出"创新可能性边界"的概念。然而，在早期诱致性技术进步的研究中，生产函数的形式、要素禀赋、要素投入与要素价格的关系并没有具体阐述。速水佑次郎、弗农·拉坦（2000）将此进行论述，认为诱致性技术创新是有利于充裕生产要素对稀缺生产要素进行替代的技术变革，并认为当要素相对价格与要素的使用份额负相关时，技术进步满足诱致性假设。由于缺乏微观基础，此后大部分增长模型对技术进步的研究仍以中性技术进步为前提，认为技术进步对各生产要素边际生产率的影响无差异。然而，这与经济现实并不相符，资源禀赋在各区域的非均衡分布，在多数情况下将引导技术进步偏向于某一生产要素。

近年来，随着内生技术变迁理论的发展，技术进步的偏向性、全要素生产率及其决定因素逐渐受到经济学家的关注。将有偏技术进步引入经济增长的研究框架后（De La Grandvill，1989），主流经济学派在要素增强型技术进步的假设下，对欧美发达国家国民经济以及各行业的技术进步偏向进行了研究。有学者通过对 1970～2003 年 12 个 OECD 国家技术进步偏向的研究证明，当技术进步偏向于当地丰富的生产要素时有助于全要素生产率的提高（Antonelli and Quatraro，2010）；技术进步偏向于稀缺要素的使用时，则会降低当地的全要素生产率。可见，强化要素禀赋及技术进步偏向，对研究如何提高物流效率具有重要意义。相比之下，发展中国家对技术进步偏向、要素禀赋及其对全要素生产率影响的研究相对较少。林毅夫（2020）认为中国技术创新模式选择应该遵循比较优势，一个国家的技术选择与要素禀赋相匹配，技术才具有自生能力。

从现有研究来看，国内学者对技术进步的偏向性已有共识，除个别年份外，中国的技术进步大体偏向于资本，这与欧美等发达国家的研究结论类似。此外，技术进步偏向往往存在明显的行业差异，现有研究多关注工业以及农业技术进步偏向的研究，对技术进步偏向的产业差异研究不足，对技术进步偏向与要素禀赋是否存在错配的研究，也鲜有关注，而这正是导致全要素生产率损失的重要原因。对中国 12400 家企业的研究发现，在不增加要素投入的前提下，只要减少资本市场的扭曲，降低资本的错配程度，就可使中国的 TFP 增加 5%（Dollar and Wei，2007），要素错配对中国及印度制造业全要素生产率造成的损失分别为 30%～50% 和 40%～60%（Hsieh and Klenow，2009）。董直庆等（2014）对 1978～2010 年中国分行业劳动力错配及其对 TFP 影响的研究发现，不同行业的劳动力要素扭曲程度不同且均出现了劳动力错配现象，劳动力错配使不同行业的 TFP 平均降低约

20%。由此可见，要素投入偏向应遵循要素禀赋论的观点，研究技术进步偏向、要素禀赋对 TFP 的影响，避免要素错配以及技术错配，提高产业效率。可见，现有对技术进步偏向的研究多基于生产函数等参数方法框架，参数方法对假设前提有较严格的条件限制，且多将技术进步直接等同于全要素生产率，具有理论局限性。在对技术进步偏向的研究多考虑资本、劳动力等生产要素，大都忽略了能源投入及由此产生的非期望产出，而能源是物流运作过程中重要的投入要素，对能源的忽略将导致物流业全要素生产率的估值出现偏差。此外，结合要素禀赋来讨论技术进步偏向以及物流业全要素生产率的研究较少，而对要素错配的研究是近年来增长理论最重要的进步之一。

鉴于此，其一，由于参数分析方法对假设前提具有很强的约束性，本书基于非参数分析的 Malmquist-TFP 指数方法，将物流业全要素生产率进行分解，从投入偏向型技术进步、产出偏向型技术进步以及技术效率等角度进行分析。其二，将能源纳入研究的框架，在考虑能源投入"坏"产出的情况下，研究物流技术进步的要素投入偏向。其三，考虑要素禀赋区域分布的不均衡，将我国 30 个省份（西藏除外）划分为资本密集型地区、劳动密集型地区以及能源密集型地区，分析不同地区的要素投入偏向及其与要素禀赋的匹配性。

8.2　技术进步偏向与要素禀赋的模型推导

TFP 的实证研究，最初以新古典经济增长理论为基础，研究的方法有"增长核算法""模型估计法"以及"对偶法"，这些方法有助于解释经济发展水平的不同，但不适用于分析影响全要素生产率增长的因素，如要素禀赋、技术水平等。而技术前沿生产函数法则可以有效地规避这些问题，该方法的两个分支为随机前沿分析（SFA）和数据包络分析（DEA-Malmquist）。已有对物流业全要素生产率的研究多采用 DEA-Malmquist 指数方法，但由于研究的局限性，这些文献多将物流技术进步定义为希克斯中性技术进步。随着对技术进步有偏性的认同，且将技术进步进一步分解为投入偏向型技术进步（IBTC）和产出偏向型技术进步（OBTC）之后（Fare et al.，1997），技术进步的要素投入偏向被引入生产效率的研究。该方法无须考虑参数约束，可将各种投入要素以及"坏"产出同时纳入生产效率的影响范围，研究结论更具有效性。因此，对物流业 TFP 的估算建立在非参数的 DEA-Malmquist 方法基础上，进一步考察投入偏向型技术进步指数，分析各地区技术进步偏向与要素禀赋的匹配程度及其对 TFP 的影响。

8.2.1 变量界定和数据说明

本书采用 1995～2015 年物流业的面板数据，研究对象为我国的 30 个省份。虽然投入要素的选择很多，但考虑到许多投入要素由于数据缺失而无法进行横向比较，本书选择资本、劳动力以及能源作为物流业的投入要素，产出变量为产业增加值以及二氧化碳排放量。鉴于统计数据的可获得性，各变量相关数据均来自《中国统计年鉴》、各地区统计年鉴、《固定资产投资统计年鉴》《中国劳动统计年鉴》以及《中国能源统计年鉴》。指标的选取和定义如下（并见表 8-1）。

资本存量（K）：很多学者从各个角度对资本存量进行了测算，但缺乏对物流产业资本存量的估算。鉴于此，本书采用霍尔和琼斯（Hall and Jones，1999）的方法对物流业的资本存量进行估计，以 1978 年为基期，基期资本存量 $K_{1978} = \dfrac{I_{1978}}{d + g_i}$，以后各期资本存量用永续盘存法计算，即 $K_{i,t} = K_{i,t-1}(1-d) + \dfrac{I_{i,t}}{P_{i,t}}$，其中 $K_{i,t}$ 是资本存量，$I_{i,t}$ 是当年投资额，d 是资产的折旧率，$P_{i,t}$ 是固定资产投资价格指数，g_i 是各年产业增加值的几何平均增长率。

劳动力投入（L）：即物流业从业人员，本书选取《中国劳动统计年鉴》中交通、运输和仓储业各地区历年年末就业人员数作为各年劳动力的投入数量。

能源投入（E）：借鉴陈洁（2014）以及唐建荣等（2016）的核算方法，选取交通运输、仓储和邮政业中使用较多的煤炭、汽油、煤油、材油、燃料油、天然气为主要能源消耗，将历年《中国能源统计年鉴》中的不同类型能源数据，按国家统计局和国家发改委公布的能源折算标准煤系数①折算成标准煤，加总得到历年各地区能源投入量。

产业增加值（Y）：本书选取各地区交通运输、仓储及邮电业的产业增加值，并以 1995 年为基期折算成历年各地区物流业的产值。

二氧化碳排放量（C）：借鉴唐建荣等（2016）的核算方法，采用 IPCC（2006）以及国家发改委能源研究所（2007）的标准参数，折算成各地区 1995 ~ 2015 年以标准煤为单位的能源投入所产生的二氧化碳排放量。②

表 8 - 1　　　　　　　　　样本数据统计性描述

变量代码	变量名称（单位）	观察值	均值	标准差	最小值	最大值
Y	产业增加值（亿元）	630	135.92	98.40	8.39	576.88
C	二氧化碳排放量（万吨）	630	20404.26	18155.65	506.64	177679.30
L	物流从业人员（万人）	630	23.52	13.44	2.81	85.40
K	资本存量（亿元）	630	1425.54	1484.91	13.35	10115.23
E	能源投入（万吨标煤）	630	8006.54	7188.87	229.72	79961.56

资料来源：根据 Stata 统计输出。

---

① 资料来源于 http://www.cecol.com.cn。

② 二氧化碳排放系数的计算方法：二氧化碳排放量 $CO_2 = \sum_{n=1}^{6} E_n \times CC_n \times CV_n \times COR_n \times \left(\frac{44}{12}\right)$，其中 E_n 代表能源消耗量，CC_n 为能源含碳量，CV_n 为能源净发热值，COR_n 为能源的氧化率，$\frac{44}{12}$ 为 CO_2 和 C 分子量的比值。

8.2.2　技术进步偏向的测度方法

Malmquist-TFP 指数用于衡量要素投入产出组合与生产前沿面的径向距离。令 $x = (x_1, \cdots, x_n) \in R_+^N$ 和 $y = (y_1, \cdots, y_m) \in R_+^M$ 分别表示一个决策单元（DMU）在 t 时间的投入和产出，x^t 可以生产 y^t 且技术函数为 $p^t(x^t)$。则 t 时期的产出距离函数可以定义为：$D_0^t(x^t, y^t) = \inf\{\theta:(y^t/\theta) \in p^t(x^t)\}$，$t = 1, \cdots, T$。产出距离函数满足 $D_0^t(x^t, y^t) \leqslant 1$，特殊地，$D_0^t(x^t, y^t) = 1$ 当且仅当 $p^t(x^t) = \{y^t:y^t \in p^t(x^t), \theta y^t \notin p^t(x^t), \theta > 1\}$。

根据 DEA-Malmquist 指数分解方法，将技术进步分解为投入偏向型技术进步和产出偏向型技术进步：

$$\Delta T^G(x^t, y^t, x^{t+1}, y^{t+1}) = \Delta T(x^t, y^t) \cdot B(x^t, y^t, x^{t+1}, y^{t+1})$$
$$= \frac{D_0^t(x^t, y^t)}{D_0^{t+1}(x^t, y^t)} \Big[\frac{D_0^{t+1}(x^t, y^t)}{D_0^t(x^t, y^t)} \frac{D_0^t(x^{t+1}, y^{t+1})}{D_0^{t+1}(x^{t+1}, y^{t+1})} \Big]^{\frac{1}{2}}$$

$$(8-1)$$

$$B(x^t, y^t, x^{t+1}, y^{t+1}) = OB\Delta T^{t+1}(y^t, x^{t+1}, y^{t+1}) \cdot IB\Delta T^{t+1}(x^t, y^t, x^{t+1})$$
$$= \Big[\frac{D_0^{t+1}(x^t, y^t)}{D_0^t(x^t, y^t)} \frac{D_0^t(x^t, y^{t+1})}{D_0^{t+1}(x^t, y^{t+1})} \Big]^{\frac{1}{2}}$$
$$\Big[\frac{D_0^{t+1}(x^t, y^{t+1})}{D_0^t(x^t, y^{t+1})} \frac{D_0^t(x^{t+1}, y^{t+1})}{D_0^{t+1}(x^{t+1}, y^{t+1})} \Big]^{\frac{1}{2}} \qquad (8-2)$$

（8-1）式中，技术进步被分解为中性技术进步和有偏技术进步。中性技术进步 $\Delta T(x^t, y^t)$ 用于衡量技术进步生产前沿的变化，有偏技术进步 $B(x^t, y^t, x^{t+1}, y^{t+1})$ 用于衡量周期 t 和 $t+1$ 之间的技术变化。（8-2）式将有偏技术进步进一步分解为投入偏向型技术进步 IBΔT 和产出偏向型技术进步 OBΔT。IBΔT >1 表明投入偏向型技术进步指数有利于全要素生产率的提高，反之则会抑制全要素生产率的提高。

8.2.3　要素禀赋水平的度量

对区域要素禀赋水平的衡量，研究者多考虑经济增长理论中的主要生产要素，将资本、劳动力、技术水平、能源等作为度量因素。如刘婕、魏玮（2014）用资本深化水平和人均能源量来反映区域要素禀赋水平；魏金义、祁春节（2015）以农作物播种面积、农业从业人员以及国家财政支农资金作为衡量区域农业要素禀赋的指标。鉴于对研究对象的考虑，本书将资本深化水平、人均能源量作为划分物流业各地区不同要素禀赋类型的指标，各指标测度方法如下。

资本深化水平：对 1995～2015 年间各省物流资本存量进行估算，并进而得到各省的人均资本存量，作为衡量区域资本要素水平的测度指标。

人均能源量：用各地区历年能源投入与各地区劳动投入量相除后获得。

8.3　地区要素禀赋与物流业全要素生产率的实证分析

8.3.1　不同要素禀赋下的物流业 Malmquist-TFP 指数及其分解

本书利用 MAXDEA7.1 软件计算得到各区域物流业的 Malmquist-TFP 指数及各分解指数，参考刘婕、魏玮（2014）按资源禀赋对各地区进行分类的研究方法，将我国 30 个省份（不含西藏和港澳台地区）按要素禀赋指标划分为能源密集型、资本密集型以及劳动力密集型。

其中，能源密集型省份有山西、内蒙古、山东、安徽、河南、陕西、宁夏、辽宁、贵州、河北，资本密集型省份有北京、上海、广东、福建、天津、四川、云南、浙江、江苏、新疆，劳动密集型省份有湖北、湖南、黑龙江、青海、甘肃、吉林、重庆、江西、广西、海南。此外，参考唐建荣等（2016）的方法，以是否考虑碳强度约束为标准，将各地区物流业的全要素生产率及分解指数进行分类汇总，具体结果见表 8 - 2。

表 8 - 2　　1995～2015 年物流业 Malmquist-TFP 指数及其分解

指数	考虑碳强度约束				不考虑碳强度约束			
	全国	资本密集型	劳动密集型	能源密集型	全国	资本密集型	劳动密集型	能源密集型
全要素生产率增长（*MI*）	0.941	0.948	0.922	0.952	1.041	1.042	1.040	1.041
技术进步（*TC*）	0.922	0.925	0.912	0.929	1.022	1.037	1.011	1.018
技术效率（*EC*）	1.030	1.028	1.019	1.042	1.023	1.006	1.032	1.027
规模技术进步（*MATC*）	0.905	0.911	0.899	0.906	1.009	1.025	1.000	1.004
投入偏向型技术进步（*IBTC*）	1.017	1.012	1.013	1.026	1.014	1.014	1.013	1.015

资料来源：根据 MAXDEA7.1 软件统计输出。

　　如表 8 - 2 所示，不考虑碳排放情况下的全要素生产率、技术进步水平以及技术效率均高于考虑碳排放情况时的水平。在不考虑碳强度约束情况下，1995～2015 年间物流产业的全要素生产率增长指数、技术进步指数及技术效率的增长率指数均大于 1，全要素生产率的平均增长率是 4.1%，其中技术进步的平均增长率是 2.2%，技术效率的平均增长率是 2.3%。从地区要素禀赋来看，资本密集型地区的

TFP 增速高于劳动密集型地区和能源密集型地区，劳动密集型地区的物流业 TFP 最低。田刚、李南（2009）对物流产业全要素生产率的研究也有类似的结论，所不同的是，他们的研究并没有考虑技术进步的偏向性。总体来看，在不考虑碳强度约束下，各地区物流业全要素生产率具有明显的增长效应，各地区技术效率水平存在一定的差异，能源密集型和劳动密集型地区较资本密集型地区具有明显的水平效应。

而在考虑碳强度约束时，物流业的全要素生产率指数为 0.941，年均增长率为 -5.9%，技术效率指数的年均增长率为 3%，技术进步指数的年均增长率为 -7.8%。可见，伴随着巨大的能源消耗，"坏产出"拉低了物流业的全要素生产率水平，技术效率水平虽有提高但仍无法抵消技术进步的下降。此外，从资源禀赋的角度来看，不同资源禀赋区域的全要素生产率增长指数、技术进步指数均小于1。能源密集型地区的 TFP、技术进步和技术效率均高于资本密集型和劳动密集型地区，可解释的原因是能源生产型企业通过提高减排技术水平、优化资源配置等方式提高了能源密集型地区的碳排放效率水平。为进一步证实研究结论的有效性，将本书结论与唐建荣等（2016）以及王维国、马越越（2012）的研究结论进行对比，如图 8-1 所示。

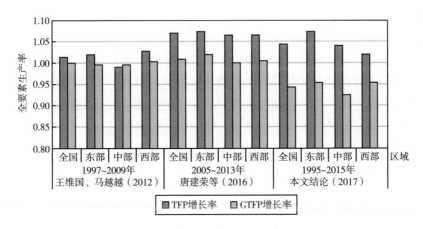

图 8-1　国内学者对物流业全要素生产率研究的主要结论

对比可知，学者多从地理分布的角度，如以东部、中部、西部三大区域划分为依据，较少结合资源禀赋来对物流产业的全要素生产率进行研究。此外，不考虑碳强度约束时的物流业全要生产率被显著高估。至少从考虑非期望产出（如CO_2）的层面上来看，忽略碳强度约束将会高估物流业的全要素生产率水平。因此，若无特殊说明，后文中对物流业全要素生产率以及要素投入偏向的研究均建立在考虑碳强度约束的基础上，即绿色全要素生产率。

8.3.2 投入偏向型技术进步指数

为进一步分析物流业的要素投入偏向，将不同时期、不同要素禀赋地区的投入偏向型技术进步指数进行列示，见表8-3。1995~2015年间，大多数地区的投入偏向型技术进步指数大于1，由（8-2）式可知，绝大部分地区的技术进步偏向指数促进了物流业全要素生产率的增长，长期来看，物流技术进步的偏向性有进一步增强的趋势。此外，在考虑碳强度约束的情况下，能源密集型地区的投入偏向型技术进步指数显著高于劳动密集型地区和资本密集型地区。

投入偏向型技术进步指数的累计值反映了投入偏向型技术进步对产业增长的累计贡献，如图8-2所示，资本、劳动力及能源投入偏向型技术进步指数均呈震荡上行趋势，三种要素投入对物流业的拉动程度不同但均有助于物流业的增长。分不同要素禀赋区域来看，能源密集型地区的投入偏向型技术进步指数明显高于其他地区，并且2005年后差距逐渐拉大。由此推断，各地区物流产业增长受地区要素投入的影响不同，其中能源投入对物流业增长的影响最大，其次为劳动力和资本。

表8-3　不同时期、各地区的投入偏向型技术进步指数（IBTC）

资本密集型	1995~2015年	1995~2005年	2005~2015年
福建	1.028	1.026	1.030
上海	1.020	1.006	1.034
江苏	1.015	1.005	1.025
广东	1.013	1.005	1.021
云南	1.012	1.006	1.018
浙江	1.010	1.016	1.005
四川	1.009	1.007	1.010
北京	1.008	0.991	1.026
天津	1.007	0.999	1.016
新疆	0.993	0.985	1.001
均值	1.012	1.005	1.019

劳动密集型	1995~2015年	1995~2005年	2005~2015年
海南	1.060	1.091	1.028
吉林	1.021	1.018	1.024
青海	1.015	1.011	1.019
湖南	1.013	1.001	1.025
黑龙江	1.009	1.002	1.015
甘肃	1.006	1.008	1.005
江西	1.006	0.993	1.019
湖北	1.005	0.996	1.013
广西	1.000	0.996	1.004
重庆	0.997	0.992	1.002
均值	1.013	1.011	1.015

能源密集型	1995~2015年	1995~2005年	2005~2015年
河北	1.062	1.027	1.097
贵州	1.037	1.026	1.049
山东	1.029	1.034	1.025
内蒙古	1.026	1.008	1.044
宁夏	1.024	1.024	1.023
山西	1.023	1.019	1.027
安徽	1.020	1.017	1.023
辽宁	1.018	1.011	1.026
陕西	1.010	1.009	1.011
河南	1.007	1.011	1.003
均值	1.026	1.019	1.033

资料来源：由作者根据MAXDEA7.1软件统计结果加工。

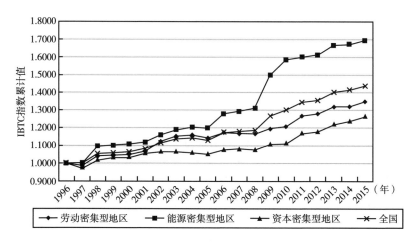

图 8 - 2　物流业投入偏向型技术进步指数累计值（1995～2015 年）

资料来源：由作者根据 MAXDEA7.1 软件统计结果绘制所得。

8.3.3　物流技术进步的要素投入偏向

投入偏向型技术进步指数反映了技术进步偏向对全要素生产率的影响，但技术进步指数并不能反映具体的要素投入偏向。从前文分析来看，能源偏向型技术进步以及劳动偏向型技术进步对物流产业增长的影响较大，那么从理论上讲，物流业的要素投入应该偏向于能源和劳动力，但事实是否与推断相同，需要进一步分析。借鉴韦伯和多马斯利克（Weber and Domazlick，1999）的研究方法，对要素投入偏向的判断，需要结合投入偏向型技术进步指数以及要素投入的变动趋势。假设 x_1 和 x_2 为两种不同的生产要素，则对两种不同要素投入偏向的判断如下：

当投入偏向型技术进步指数 IBTC > 1 且 $\dfrac{x_2^{t+1}}{x_1^{t+1}} > \dfrac{x_2^t}{x_1^t}$ 时，表明技术进

步偏向于生产要素 x_2 的使用，当 $\dfrac{x_2^{t+1}}{x_1^{t+1}} < \dfrac{x_2^t}{x_1^t}$ 时，表明技术进步偏向于生产

要素 x_1 的使用。反之，当投入偏向型技术进步指数 IBTC < 1 且 $\dfrac{x_2^{t+1}}{x_1^{t+1}} > \dfrac{x_2^t}{x_1^t}$

时，表明技术进步偏向于生产要素 x_1 的使用，当 $\dfrac{x_2^{t+1}}{x_1^{t+1}} < \dfrac{x_2^t}{x_1^t}$ 时，表明技

术进步偏向于生产要素 x_2 的使用。本书在判断物流技术进步的要素投入偏向时，将资本、劳动力、能源三种生产要素进行两两对比，得出 1995～2015 年物流业技术进步的要素投入偏向，见表 8－4。

表 8－4   要素投入偏向的判断

指数	IBTC > 1	IBTC $= 1$	IBTC < 1
$\dfrac{x_2^{t+1}/x_1^{t+1}}{x_2^t/x_1^t} > 1$	偏向要素 x_2 的使用	中性技术进步	偏向要素 x_1 的使用
$\dfrac{x_2^{t+1}/x_1^{t+1}}{x_2^t/x_1^t} < 1$	偏向要素 x_1 的使用	中性技术进步	偏向要素 x_2 的使用

资料来源：作者整理。

如表 8－5 所示，对不同时期、不同要素禀赋地区的要素投入偏向进行观察。首先，从资本和劳动力两种生产要素的投入偏向来看，大多数地区物流技术进步的要素投入偏向于资本的使用以及劳动力的节约。从整个时间区间来看，偏向于资本要素的地区数量呈 W 形分布，即资本要素投入的地区数量先下降后上升，然后再下降后有小幅上升，偏向资本使用的地区远多于偏向劳动力使用的地区，这与大多数学者的研究结论一致，也有学者认为技术进步经历了劳动力使用向资本使用转变的过程（欧阳小迅、黄福华，2012）。其次，从能源和劳动力两种要素的投入偏向来看，2005 年之前偏向于能源的使用，之后则偏向于劳动力的使用，但总体上，1995～2015 年间的要素投入偏向于能源的使用（劳动力的节约）。最后，对比能源和资本两种生产要素的投入偏向，很明显，大多数地区倾向于资本的使用（能源的节约）。可解释的原因是，技术进步偏向受要素价格、市场规模的影响，物流业的发展需要大量的能源投入，在能源仍为稀缺资源的情况下，

技术进步偏向于能源的节约。总体来看，物流技术进步的要素投入偏向首先是资本，其次是能源和劳动力，然而，结合前文有关技术进步偏向对产业增长的分析，物流技术进步的要素投入偏向并不是朝最有利于全要素生产率提高的方向发展。在不同的要素投入组合下，如果企业不能灵活地选择最具盈利潜力的生产技术，就会产生技术选择的扭曲，从而导致技术悖论。

表 8 - 5　　　　　1995～2015 年不同要素投入偏向的地区分布

年份	IBTC 指数			资本与劳动		能源与劳动		能源与资本	
	>1	=1	<1	资本使用	劳动使用	能源使用	劳动使用	能源使用	资本使用
1996	6	1	23	22	7	13	16	28	1
1997	12	0	18	26	4	16	14	19	11
1998	29	1	0	29	0	29	0	0	29
1999	17	6	7	17	4	18	6	9	15
2000	17	5	8	17	8	13	12	5	20
2001	22	3	5	25	2	20	7	7	20
2002	22	2	6	10	18	20	8	26	2
2003	13	1	16	13	16	12	17	3	26
2004	16	2	12	21	7	14	14	15	13
2005	12	0	18	27	3	11	19	18	12
2006	27	0	3	28	2	28	2	5	25
2007	16	1	13	21	8	17	12	14	15
2008	15	1	14	19	9	13	16	21	8
2009	26	1	3	29	0	22	7	4	25
2010	20	3	7	23	4	18	9	9	18
2011	27	0	3	4	25	22	8	29	1
2012	19	0	11	24	6	17	13	5	25
2013	26	0	4	11	18	5	25	8	22
2014	21	0	9	26	4	13	17	9	21
2015	23	2	5	28	0	10	18	5	23
平均	19	2	9	21	9	17	13	13	17

注：表中数字表示省份的数量。
资料来源：作者计算所得。

根据新古典经济理论，TFP 的增长来源于资源禀赋和技术进步。在短期内，技术进步往往很难实现明显的突破，技术进步类型与要素禀赋是否匹配，则成为提高 TFP 水平的重要途径。物流技术进步的要素投入偏向是否与要素禀赋相适应，不同要素禀赋地区是否存在技术选择错配，则需要进一步考察。表 8 - 6 列示了不同时间、不同要素禀赋地区的要素投入偏向。

表 8 - 6　　　　　　　不同要素禀赋地区要素投入偏向分布

地区	年份	资本 vs 劳动		资本 vs 能源		能源 vs 劳动	
		资本使用	劳动使用	资本使用	能源使用	能源使用	劳动使用
资本密集型地区	1995 ~ 2005	7	3	5	5	8	2
	2006 ~ 2015	10	0	8	2	5	5
	1995 ~ 2015	9	1	9	1	8	2
劳动密集型地区	1995 ~ 2005	6	4	5	5	6	4
	2006 ~ 2015	10	0	9	1	10	0
	1995 ~ 2015	8	2	8	2	8	2
能源密集型地区	1995 ~ 2005	10	0	8	2	9	1
	2006 ~ 2015	10	0	9	1	10	0
	1995 ~ 2015	10	0	10	0	10	0

注：表中数字为省份的数量。
资料来源：作者计算所得。

对于资本密集型地区，首先，资本与劳动力相比，2005 年之前多数地区偏向于资本的使用。随着近年来劳动力边际成本的上升，偏向于资本使用的地区显著增多，可见技术进步具有一定的诱导性；其次，资本和能源相比，2005 年之前资本使用和能源使用的偏向程度相同，之后偏向于资本使用的地区数量显著增长，能源价格的提高促使物流技术进步偏向于能源的节约；最后，能源与劳动力相比，2005 年之前多数地区的技术进步偏向于劳动力的节约，之后对能源和劳动力的偏向程度相同。可见，能源消耗以及环境污染的不可调和性促使技术进步偏向于能源的节约。

对于劳动密集型地区，资本与劳动力相比，技术进步明显偏向于资本的使用，这不符合经济学的一般直觉，技术进步偏向与地区要素禀赋并不相符，可能的原因是，中国的要素市场存在一定的扭曲，生产过程中的资本要素投入远大于劳动力投入，要素市场价格无法反映要素的稀缺性，致使要素投入的偏向出现技术选择的悖论；此外，资本与能源相比，技术进步同样偏向于资本的使用；能源与劳动力相比，技术进步偏向于能源，这与资本密集型地区的技术进步偏向大体相同。

对于能源密集型地区，技术进步在不同时期的要素投入偏向大体相同。资本与劳动力以及资本与能源相比都显著偏向于资本的使用；能源与劳动力相比则偏向于能源。这与资本密集型以及劳动密集型地区的要素投入偏向大体相同，在此不再赘述。

由此可见，即使在不同要素禀赋的地区，物流技术进步的要素投入偏向惊人地相似，即偏向于资本的使用以及劳动力的节约，技术选择悖论同样存在。然而，技术选择悖论违背了地区比较优势理论以及厂商利润最大化原则，且会对企业的生产率造成损失。限于篇幅，技术选择悖论对物流业全要素生产率的损失估计，本书并没有进行详尽的定量分析，这将是笔者以后进一步关注的重点。中国物流业为什么会出现这种"非理性"的行为，值得进一步探究，以下从内、外部因素两个方面进行简单论述。

从内部因素来讲，中国要素市场不完善。改革开放以来，中国虽已形成了相对完善的产品市场，但要素市场仍然很大程度上受到行政干预，要素价格被扭曲，并不能反映要素的稀缺程度。劳动力、资本、能源等生产要素在不同的行业、地区之间仍存在一定的差异，要素市场存在严重的地区分割以及配置扭曲，且这种扭曲已经制约了经济效率的提升。此外，地方政府产业政策的选择有时并不利于城乡经济结构的转化，企业搜寻生产要素的成本依然较高。这在阻碍资源有效配置的同时，导致要素投入偏向与地区要素禀赋的错配。

从外部因素来讲，主要是技术供应的影响。随着国外物流企业的流入，外国直接投资（FDI）的技术溢出效应将提高整个物流业的技术水平，国外物流企业的进入势必与国内企业形成竞争态势，而技术创新和技术水平的提高需要大量的资本投入，国内企业为不断缩小与国外企业技术水平的差距，必须跨越资本这道障碍，从而导致技术进步的要素投入很大程度上偏向于资本的使用。

8.4　小　　结

本章将资本、劳动力以及能源纳入对物流业全要素生产率研究的框架，采用 Malmquist-TFP 指数分解法测算了 1995～2015 年中国物流业全要素生产率及投入偏向型技术进步指数，将我国 30 个省份按资源禀赋的不同划分资本密集型、劳动密集型和能源密集型地区，并对各不同要素禀赋类型地区的要素投入偏向进行了比较。研究结果表明，首先，在不考虑能源投入约束时，物流业全要素生产率、技术进步水平和技术效率被显著高估。物流业的全要素生产率增长指数大于1，全要素生产率的年均增长率为 4.1%。此外，资本密集型地区的 TFP 增速显著高于其他两个地区且劳动密集型地区的 TFP 最低；而考虑能源投入约束时，物流业绿色全要素生产率增长指数小于 1，年均增长率为负的 5.9%，且能源密集型地区的 TFP 指数最高。其次，大多数地区的投入偏向型技术进步指数大于 1，技术进步的偏向性有助于物流业全要素生产率的提高。从投入偏向型技术进步指数对产业增长的累计贡献来看，能源密集型地区的投入偏向型技术进步指数最高，其次为劳动密集型地区和资本密集型地区。由此推断，各地区物流产业受地区资源禀赋的影响不同，其中能源投入对物流业发展的影响最大，其次为劳动力和资本。最后，物流技术进步的要素投入偏向于资本的使用。结合投入偏向型技术进步指数，物流技术进步的要素投入偏向并不是朝最有利于全要素生产率的方向发展。在不同的要素投入组合下，物流技术进步的要素投入偏向与地区要素禀赋并不完全匹配，物流技术进步存在技术选择悖论。技术选择悖论违背了地区比较优势理论以及厂商利润最大化原则，且会对企业的生产率造成损失。而要素投入偏向与资源错配这种"非理性"行为的出现，受中国要素市场不完善、制度因素以及技术供应等内、外部因素的影响。

　　技术进步的要素投入偏向有助于全要素生产率的提高，然而，中国物流技术进步的要素投入偏向与地区要素禀赋存在技术错配，由于不能选择最具有盈利模式的生产技术而造成产业技术选择的扭曲，会损失物流业的全要素生产率。因此，在不增加生产要素的情况下，消除和降低技术错配是提高物流业全要素生产率水平的有效途径。针对技术错配的来源，应采取有助于改善物流业要素配置的有效政策措施。首先，进一步深化要素市场的改革，避免政府政策的干预，减少对低效率企业的政府补贴，使资源按效率在企业间进行配置，发挥市场在资源配置中的作用；其次，工资差距是造成劳动力要素错配的重要原因，劳动力流动是提高农民工劳动收入的重要途径。因此，应进一步深化工资制度、户籍制度以及社会保障制度改革，促进生产要素的合理流动；最后，由技术赶超导致的资本投入拥挤会引发资本错配，因此应选择与要素禀赋类型相匹配的技术进步方向，降低技术错配对物流业全要素生产率的损失。

第9章

本书结论及政策建议

为验证德拉格兰德维尔假说对物流产业的适用性，本书在对现有有关要素替代弹性文献进行回顾的基础上，梳理了要素替代弹性对经济增长作用机理及影响机制，基于物流产业 1978～2015 年相关变量的面板数据，运用各种实证方法对改革开放以来中国物流产业的要素替代弹性进行了测算，并基于直接替代效应和诱致性技术进步效应对中国物流产业的要素替代弹性进行了分解。在此基础上，对要素替代弹性对物流产业增长的影响进行研究，并进一步分析了要素替代弹性对物流产业增长的收敛性。接下来，本章在对本书的主要研究结论进行回顾和总结的基础上，提出进一步研究的方向。

9.1 研究结论

本书主要有以下研究结论。

第一，对现有关于要素替代弹性及增长的文献进行回顾，提出现有文献存在的不足。本章从要素替代弹性测算及其影响因素、要素替代与有偏技术进步的关系以及要素替代弹性与经济增长几个方面对相关文献进行了归纳。首先，生产函数是研究要素替代弹性的基础，本书对经典文献中各生产函数的形式和对应的要素替代弹性进行分析，并对单方程模型和多方程模型的优缺点进行对比。由于单方程模型具有操作简单、数据易获取的优点，因此文中对物流产业要素替代弹性的估算建立在单方程模型的基础上。其次，从要素替代弹性的定义出发，从要素价格以及要素投入两方面对要素替代弹性的因素进行了分析，在不存在要素价格扭曲的情况下，市场分工、产业规模、技术创新、制度因素等是影响要素替代弹性的直接因素。然而，即使在市场最有效率的情况下，仍然存在扭曲要素价格和投入的因素。从技术进步偏向和要素禀赋理论出发，分析要素禀赋理论和有偏技术进步对要素替代弹性的影响。最后，构建了要素替代弹性及物流产业增长效应的理论框架。基于经济增长理论，对要素替代弹性与经济增长理论的进展和分歧进行了梳理，从要素替代的直接替代效应和诱致性技术创新效应以及要素替代弹性对经济增长的效率效应和分配效应两方面对要素替代弹性影响物流产业的作用机制进行分析，从理论上弥补了现有研究对要素替代弹性影响产业增长的机制、路径和动力阐述的不足，这是研究物流产业要素替代弹性及其增长效应的理论基础。

第二，基于 1978～2015 年物流产业的相关数据，采用 VES 生产函数，对中国物流产业的资本－劳动替代弹性进行测算，结论有三。其一，资本－劳动力之间的关系是互补的。测算结果表明，全国的资本－劳动替代弹性为 0.904，将全国按照东部、中部、西部进行划分的资本－劳动替代弹性分别为 0.989、0.889 和 0.842，三大区域的资本－劳动替代弹性存在明显的区域差异，东部地区的要素替代弹性高于中部、西部地区。其二，通过观察全国总体及东部、中部、西部三大区域物流产业要素替代弹性的时间变化轨迹，可知中国物流产业的要素替代弹性经历了不变－小幅上升－下降的变化趋势。分区域来看，东部、中部、西部地区除在个别年份的变化趋势不同外，其余年份的变化趋势具有相似性，也均经历了不变－上升－下降的变化趋势。分时间区间来看，各区域要素替代弹性存在明显的时间变化趋势，各区域的要素替代弹性以 1994 年和 2009 年为分界点。1994 年之前，三大区域的资本－劳动替代弹性相差不大，且均接近于 1；1994～2009 年，东部地区的要素替代弹性仍呈上升趋势，中部、西部地区资本－劳动替代弹性除在个别年份有小幅上升外，逐渐出现缓慢下降的趋势。2009 年之后，各区域资本－劳动替代弹性均显著降低且中部、西部下降明显。其三，从城市化、劳动力制度改革以及政府基础建设投资等方面，对中国物流产业的要素替代弹性进行了分析。中国物流产业在 1994 年尚未形成产业化规模，技术水平落后，资本与劳动力可完全替代。随着国内工业化进程的加剧，东部地区在人口集聚、资本深化以及技术创新等方面具有地缘优势，对资本的集聚效应高于中部、西部地区，这是导致东部地区的资本－劳动替代弹性高于中部、西部地区的重要原因。随着城市化进程的加剧、劳动力市场的完善以及户籍制度的改革，中国农村劳动力逐渐向进入门槛较低的消费性服务业以及生产性服务业转移，在资本相对短缺而劳动力"无限供给"的背景下，劳动力的密集投入会缓解资本投入不足的压力，各地区物流产业的要素替代弹性随之降低。此外，为缓解 2008 年金融危机的冲击，对中部、西部地区的大规模的基础建设投资，同样会造成劳动力加速向东部地区流动，过度投资与劳动力匹配失当的非有效要素投入，导致中部、西部地区的要素替代弹性降低。

第三，创新的速度加快了对要素间的替代，技术创新的速度越快，资本对劳动力的替代弹性越大。为分析要素价格和诱致性技术创新对物流产业要素替代弹性作用，在 CES 生产函数的基础上，将物流产业的要素替代弹性分解为直接替代效应和诱致性技术进步效应。本书研究结论认为，采用 CES 生产函数测算出的中国物流产业的要素替代弹性界于 0 与 1 之间，这与采用 VES 生产函数的研究结论相同。由于研究模型的不同，虽然两种方法得到的中国物流产业要素替代弹性值不完全相同，但基本可以认为中国物流产业的资本与劳动力两种生产要素呈互补关系，这是对前文结论的有力支撑。同时，通过对物流产业要素替代弹性的分解，要素替代中直接替代效应的贡献比例为97.98%，诱致性技术创新效应的贡献比例为2.02%。这意味着，要素间的直接替代是影响中国物流产业的要素替代的主要原因，诱致型技术进步对物流产业的替代弹性的影响较小。

第四，对中国物流产业资本－劳动替代弹性增长效应进行实证分析，结论支持了德拉格兰德维尔假说，即要素替代弹性的提高有利于各区域物流产业增长，这与其他产业的研究结论基本一致。从对全国的回归结果来看，固定效应模型要素替代弹性 σ 的回归系数为0.0151，这意味着从全国来看，要素替代弹性每提高10%，物流产业增长率将提高0.15%。这与其他产业的研究结论基本一致，符合德拉格兰德维尔假说的基本推论。分区域来看，三大区域要素替代弹性的提高同样有助于区域物流产业增长率的提升。东部、中部、西部地区的要素替代弹性对产业增长的影响为正且均通过了显著性检验，并存在"西高东低"的影响格局。东部、中部、西部地区的要素替代弹性的变量系数估计值以西部最高，为0.0282；中部次之，为0.0146；东部最低，为0.0079。这表明要素替代弹性每提高10%，则西部、中部、东部地区物流产业增长率将分别提升0.28%、0.15%和0.08%。结合三大区域的要素替代弹性值来看，中部、西部要素替代弹性值的提升为区域物流产业的均衡发展提供了可能。此外，从各控制变量对物流产业的影响来看，资本收益率对物流产业增长率的影响为正，第三产业占比过高对物流产业增长率的影响为负，当服务业占比过高而实体经济占比较低时，会抑制物流产业的增长。

第五，在要素可以自由流动的前提下，资本会从发达地区向不发达地区流动，而劳动力会由不发达地区向发达地区流动，这为缩小区域物流产业的发展差距提供了可能。构建绝对 β 收敛模型和包含要素替代弹性、产业结构、资本收益率以及物流周转水平的条件 β 收敛模型，实证结果表明中国物流产业存在绝对 β 收敛和条件 β 收敛，要素替代弹性的提高有助于区域物流产业的收敛。首先，通过逐步引入控制变量，在绝对 β 收敛的基础上引入要素替代弹性后，条件 β 收敛系数通过了 1% 的显著性水平，物流产业的收敛速度从 7.92% 提升到 8.2%，表明要素替代弹性的提升有助于缩小区域物流产业的发展差距。在此基础上，引入第三产业比值、资本收益率以及旅客周转率等控制变量后，物流产业的条件 β 收敛速度显著上升到 10.14%，要素替代弹性对物流产业增长的收敛性具有显著的正效应。

第六，采用 Malmquist-TFP 指数分解法对 1995～2015 年中国物流业绿色全要素生产率及投入偏向型技术进步指数进行了测算，并对各不同要素禀赋类型地区的要素投入偏向进行了比较。研究发现：不考虑能源投入以及碳排放强度时，物流业全要素生产率被显著高估，且资本密集型地区的 TFP 增速最高；多数地区的进步偏向指数大于 1，要素投入偏向于资本的使用以及劳动力的节约。从不同要素禀赋地区来看，物流技术进步的要素投入偏向与地区要素禀赋并不完全匹配，要素投入偏向存在技术选择"悖论"。

9.2 政策建议

在单一要素推动产业增长乏力的情况下，将要素替代弹性引入物流产业增长模型是对现有物流产业研究的有益补充。研究结论认为，在控制了其他变量后，资本－劳动替代弹性的提高有助于物流产业的增长及收敛。因此，应重视要素替代弹性在物流产业增长和均衡发展中的作用，从产业政策的角度讲，应从以下几个方面入手。

首先，要重视物流技术的创新。要素替代弹性不仅体现要素替代的灵活性，同时反映技术进步的偏向性。从本书对物流产业要素替代弹性的分解来看，中国物流产业的要素替代弹性仍以直接替代为主，技术创新对物流产业替代弹性的影响较小。就资本和劳动力两种生产要素而言，我国的劳动力价格将会呈上涨和短缺的趋势，在短期内依靠资本的投入可以缓解劳动力短缺的问题，从长期来看则需要依靠技术创新来缓解物流成本上升问题。各地区物流产业要选择与要素替代弹性相匹配的技术，才能促进物流产业的发展。

其次，完善物流要素市场，提高要素的配置效率。当前中国要素市场仍存在价格扭曲的现象，要素市场不完善，要素市场价格不能真实反映要素的稀缺程度。因此，应进一步完善要素市场改革，发挥市场在资源配置中的作用。此外，物流产业政策的制定应充分考虑各地区要素替代弹性的差异，东部地区的要素替代弹性相对较高，产业增长的潜力在于生产要素的相对充裕，产业发展应努力实现由规模化向集约化的转变。中部、西部地区的要素替代弹性相对较低，要素替代弹性提高的潜力较大，在产业发展的过程中应注重提高要素配置的有效性，实现区域物流产业的均衡发展。

最后，应加强物流劳动力人才的培养。随着物流产业近年来的迅猛发展，在当前资本和劳动力要素丰裕程度逆转的情况下，产业发展更需要高素质的人才。因此，应努力提高要素投入的质量，培养高素质的物流人才，加快推进现代物流业向技术先进、绿色高效的方向发展。

参 考 文 献

[1] 白重恩，钱震杰．我国资本收入份额影响因素及变化原因分析——基于省际面板数据的研究 [J]．清华大学学报（哲学社会科学版），2009（4）：137 – 147．

[2] 蔡昉，都阳．中国地区经济增长的趋同与差异——对西部开发战略的启示 [J]．经济研究，2000（10）．

[3] 钞小静，沈坤荣．城乡收入差距、劳动力质量与中国经济增长 [J]．经济研究．2014（6）：30 – 43．

[4] 陈洁．碳强度约束下的区域物流产业效率测算——基于环境DEA 技术的 Malmquist-Luenberger 指数方法 [J]．经济与管理，2014（3）：62 – 67．

[5] 陈庆能．VES 生产函数的主要性质及其数学证明 [J]．浙江科技学院学报，2008，20（2）：81 – 86．

[6] 陈晓玲，连玉君．资本 – 劳动替代弹性与地区经济增长——德拉格兰德维尔假说的检验 [J]．经济学（季刊），2013，12（1）：93 – 118．

[7] 陈文新，刘冬，孙善祥．我国区域物流发展时空差异及收敛性研究——基于地理加权空间计量模型的实证分析 [J]．工业技术经济，2016，35（2）：142 – 147．

[8] 戴天仕．中国的技术进步方向 [J]．世界经济，2010（11）：54 – 70．

[9] 董直庆，刘迪钥，宋伟等．劳动力错配诱发全要素生产率损失了吗？——来自中国产业层面的经验证据 [J]．上海财经大学学

报，2014，16（5）：94 – 103.

[10] 董誉文，徐从才. 中国商贸流通业增长方式转型问题研究：全要素生产率视角 [J]. 北京工商大学学报（社会科学版），2017，32（1）：31 – 41.

[11] 冯云. 物流业与中国经济发展关系的实证分析 [J]. 统计与决策，2008（5）：146 – 149.

[12] 付明辉，祁春节. 要素禀赋、技术进步偏向与农业全要素生产率增长——基于28个国家的比较分析 [J]. 中国农村经济，2016（12）：76 – 90.

[13] 龚敏，辛明辉. 产业结构与劳动份额的统一性研究——基于要素替代弹性视角的理论模型解释 [J]. 吉林大学社会科学学报，2018（1）：60 – 73.

[14] 韩彪. 马克思的运输经济理论和我国的实践 [J]. 中国社会科学，1992（4）：27 – 40.

[15] 郝枫. 中国技术偏向的趋势变化、行业差异及总分关系 [J]. 数量经济技术经济研究，2017（4）：20 – 38.

[16] 郝枫，盛卫燕. 中国要素替代弹性估计 [J]. 统计研究，2014（7）：12 – 21.

[17] 何爱，徐宗玲. 菲律宾农业发展中的诱致性技术变革偏向：1970 ~ 2005 [J]. 中国农村经济，2010（2）：84 – 91.

[18] 黄安胜，郑逸芳，王强强等. 生产要素、区域经济增长差异性和收敛性 [J]. 经济问题，2014（11）：112 – 117.

[19] 雷钦礼. 偏向性技术进步的测算与分析 [J]. 统计研究，2013，30（4）：83 – 91.

[20] 李春艳. 中国经济增长收敛性的再认识——基于技术进步路径的视角 [J]. 金融发展评论，2013（1）：91 – 98.

[21] 李谷成，范丽霞，冯中朝. 资本积累、制度变迁与农业增长——对1978 ~ 2011 年中国农业增长与资本存量的实证估计 [J]. 管

理世界，2014（5）：67-79.

[22] 李耀新，乌家培.产业结构调整中的生产要素配置原理
[J].经济学家，1994（5）：61-74.

[23] 连玉君，陈晓玲.资本-劳动替代弹性与地区经济增长——
德拉格兰德维尔假说的检验 [J].经济学（季刊），2012，12（1）：
93-118.

[24] 林毅夫.发展战略、自生能力和经济收敛 [J].经济学
（季刊），2002（1）：269-300.

[25] 林毅夫，蔡昉，李周.赶超战略的再反思及可供替代的比
较优势战略 [J].战略与管理，1995（3）：1-10.

[26] 刘刚.经济增长的新来源与中国经济的第二次转型 [J].
南开学报（哲学社会科学版），2011（5）：97-106.

[27] 刘慧慧，雷钦礼.中国能源增强型技术进步率及要素替代
弹性的测算 [J].统计研究，2016（2）：18-25.

[28] 刘婕，魏玮.城镇化率、要素禀赋对全要素碳减排效率的
影响 [J].中国人口·资源与环境，2014，24（8）：42-48.

[29] 刘俊华，刘振刚，李燕霞，等.中国西部地区物流产业效
率变化实证研究 [J].产经评论，2014，5（3）：50-57.

[30] 刘玉海，林建兵，翁嘉辉.中国道路运输业营运效率动态
分析——基于 Malmquist 生产力指数 [J].产业经济研究，2008（1）：
56-63.

[31] 刘岳平，钟世川.技术进步方向、资本-劳动替代弹性对
中国农业经济增长的影响 [J].财经论丛.2016（9）：3-9.

[32] 鲁晓东.收入分配、有效要素禀赋与贸易开放度——基于
中国省际面板数据的研究 [J].数量经济技术经济研究，2008（4）：
53-64.

[33] [美] 罗伯特·索洛.经济增长因素分析 [M].史清琪，
译.上海：商务印书馆，1991.

[34] 吕光明. 对数据平稳性检验方法的比较研究 [J]. 财经问题研究, 2004 (6): 77-80.

[35] 马越越, 王维国. 异质性生产技术下中国区域物流产业全要素生产率 [J]. 系统工程, 2015 (10): 63-72.

[36] 莫鸿, 刘豫. 物流产业技术进步率及其对经济增长贡献的测算 [J]. 统计与决策, 2009 (5): 111-112.

[37] 欧阳小迅, 黄福华. 中国物流产业技术进步及技术偏向选择 [J]. 财贸研究, 2014 (3): 66-74.

[38] 潘闽, 张鹏, 张自然. 中国工业行业资本-劳动替代弹性估计及影响因素研究 [J]. 南京审计学院学报, 2017, 14 (5): 58-69.

[39] 彭安丽, 陈志. 我国产业增长收敛性的实证研究 [J]. 世界经济情况, 2006 (13): 14-18.

[40] 蒲艳萍, 成肖. 金融发展、市场化与服务业资本配置效率 [J]. 经济学家, 2014 (6): 43-52.

[41] 任保平. 马克思经济学与西方经济学商贸流通理论的比较 [J]. 经济纵横, 2011 (2): 1-5.

[42] 任庆华, 张红历. 中国省域物流经济发展收敛的空间计量研究 [J]. 西藏大学学报, 2014 (6): 178-184.

[43] 沈坤荣, 马俊. 中国经济增长的"俱乐部收敛"特征及其成因研究 [J]. 经济研究, 2002 (1).

[44] 石风光, 何雄浪. 全要素生产率、要素投入与中国地区经济差距的动态分布分析 [J]. 南京社会科学, 2010 (2): 24-30.

[45] 石清华. 西部大开发以来西部地区经济收敛性及影响经济增长的因素分析 [J]. 经济问题探索, 2011 (8): 71-76.

[46] 舒辉, 周熙登, 林晓伟. 物流产业集聚与全要素生产率增长——基于省域数据的空间计量分析 [J]. 中央财经大学学报, 2014, 1 (3): 98-105.

[47] 速水佑次郎, 弗农·拉坦, 郭熙保. 农业发展的国际分析

[M]．北京：中国社会科学出版社，2001.

[48] 孙敬水，于思源．农村居民收入差距适度性问卷调查 [J]．统计与信息论坛．2014 (12)：75 - 83.

[49] 孙元元．生产率收敛是否会带来经济增长收敛？——来自中国的经验证据 [J]．中国软科学，2015 (1)：47 - 58.

[50] 孙中栋，李辉文．要素替代弹性与地区经济增长差异 [J]．统计与决策，2007 (14)：77 - 78.

[51] 索洛．经济增长因素分析 [M]．上海：商务印书馆，2003.

[52] 唐建荣，杜聪，李晓静．中国物流业经济增长质量实证研究——基于绿色全要素生产率视角 [J]．软科学，2016，30 (11)：10 - 14.

[53] 田刚．中国物流业技术效率、技术进步及其地区差异研究 [D]．南京：南京航空航天大学，2010.

[54] 田刚，李南．中国物流业技术进步与技术效率研究 [J]．数量经济技术经济研究，2009 (2)：76 - 87.

[55] 田刚，李南．中国物流业技术效率差异及其影响因素研究——基于省级面板数据的实证分析 [J]．科研管理，2011，32 (7)：34 - 44.

[56] 王健，梁红艳．中国物流业全要素生产率的影响因素及其收敛性分析 [J]．福州大学学报 (哲学社会科学版)，2013，27 (3)：16 - 24.

[57] 王林辉，董直庆．资本体现式技术进步、技术合意结构和我国生产率增长来源 [J]．数量经济技术经济研究，2012 (5)：3 - 18.

[58] 王维国，马越越．中国区域物流产业效率——基于三阶段 DEA 模型的 Malmquist-luenberger 指数方法 [J]．系统工程，2012 (3)：66 - 75.

[59] 王亚华，吴凡，王争．交通行业生产率变动的 Bootstrap-Malmquist 指数分析 (1980 - 2005) [J]．经济学 (季刊)．2008，7 (3)：

891 – 912.

[60] 魏后凯. 论我国区际收入差异的变动格局 [J]. 经济研究, 1992 (4): 61 – 65.

[61] 魏金义, 祁春节. 中国农业要素禀赋结构的时空异质性分析 [J]. 中国人口·资源与环境, 2015, 25 (7): 97 – 104.

[62] 魏金义. 要素禀赋变化、技术进步偏向与农业经济增长研究 [D]. 武汉: 华中农业大学, 2016.

[63] 肖挺. 中国服务业分行业两类全要素生产率变化及收敛性比较分析 [J]. 管理评论, 2017, 29 (8): 53 – 64.

[64] 徐鹏程, 李冀, 严汉平. 中国区域经济增长收敛问题研究现状与展望: 一个文献综述 [J]. 福建论坛 (人文社会科学版), 2010 (12): 17 – 21.

[65] 徐现祥, 周吉梅, 舒元. 中国省区三次产业资本存量估计 [J]. 统计研究, 2007 (5): 6 – 13.

[66] 许召元, 胡翠. 成本上升的产业竞争力效应研究 [J]. 数量经济技术经济研究, 2014 (8): 39 – 55.

[67] 姚毓春, 袁礼, 董直庆. 劳动力与资本错配效应: 来自十九个行业的经验证据 [J]. 经济学动态, 2014 (6): 69 – 77.

[68] 尹今格, 雷钦礼. 研发效率、要素禀赋及国际贸易与技术偏向程度 [J]. 统计研究, 2016 (1): 20 – 25.

[69] 余思勤, 蒋迪娜, 卢剑超. 我国交通运输业全要素生产率变动分析 [J]. 同济大学学报 (自然科学版), 2004, 32 (6): 827 – 831.

[70] 余泳泽, 刘秉镰. 中国区域物流产业技术进步及其影响因素研究 [J]. 上海经济研究, 2010 (10): 3 – 12.

[71] 余泳泽, 杨晓章, 技术进步的原因及性质——基于分工和外部性的理论分析框架 [J]. 产业经济评论, 2016 (3): 117 – 124.

[72] 俞立平. 创新速度、要素替代与高技术产业效益 [J]. 科学学研究, 2016, 34 (6): 930 – 937.

[73] 喻小贤，陆松福. 物流经济学 [M]. 北京：人民交通出版社，2007 (2)：48 - 49.

[74] 张建升. 物流业发展的地区差异及其收敛性分析 [J]. 兰州商学院学报，2011，27 (2)：17 - 21.

[75] 张军，吴桂英，张吉鹏. 中国省际物质资本存量估算：1952 - 2000 [J]. 经济研究，2004 (10)：35 - 44.

[76] 张明海. 增长和要素替代弹性——中国经济增长 1978 - 1999 年的实证研究 [J]. 学术月刊，2002 (8)：78 - 82.

[77] 张鹏飞，林毅夫. 适宜技术、技术选择和发展中国家的经济增长 [J]. 经济学 (季刊). 2006 (7)：985 - 1006.

[78] 张勋，徐建国. 中国资本回报率的再测算 [J]. 世界经济，2014 (8)：3 - 23.

[79] 张月玲，林锋，陈宝国. 中国区域资本积累、要素匹配与动态效率差异 [J]. 天津财经大学学报 (现代财经)，2016 (12)：23 - 34.

[80] 张月玲，林锋. 中国区域要素替代弹性变迁及其增长效应——基于异质劳动视角的随机前沿生产函数分析 [J]. 财经研究，2017，43 (6)：118 - 131.

[81] 张月友，刘志彪. 替代弹性、劳动力流动与我国服务业"天花板效应"——基于非均衡增长模型的分析 [J]. 财贸经济，2012 (3)：103 - 111.

[82] 赵伟，马瑞永. 中国经济增长收敛性的再认识——基于增长收敛微观机制的分析 [J]. 管理世界，2005 (11)：12 - 21.

[83] 赵自芳，史晋川. 中国要素市场扭曲的产业效率损失——基于 DEA 方法的实证分析 [J]. 中国工业经济，2006 (10)：40 - 48.

[84] 郑猛，杨先明. 要素替代增长模式下的收入分配效应研究——基于中国省际面板数据的经验分析 [J]. 南开经济研究，2017 (2)：55 - 75.

[85] 郑旭媛, 徐志刚. 资源禀赋约束、要素替代与诱致性技术变迁——以中国粮食生产的机械化为例 [J]. 经济学: 季刊, 2017 (1): 45-66.

[86] 钟世川. 要素替代弹性、技术进步偏向与我国工业行业经济增长 [J]. 当代经济科学, 2014 (1): 74-81.

[87] 钟世川. 要素替代弹性与我国工业行业经济增长 [J]. 上海经济研究, 2014 (2): 51-60.

[88] 钟世川. 中国工业要素替代弹性的分解——基于直接替代效应和诱致性技术创新效应的研究 [J]. 统计与信息论坛, 2016, 31 (5): 65-69.

[89] 周国富, 夏祥谦. 中国地区经济增长的收敛性及其影响因素——基于黄河流域数据的实证分析 [J]. 经济问题探索, 2008 (11): 3-8.

[90] Acemoglu D. Directed technical change [J]. Review of Economic Studies, 2001, 69 (4): 781-809.

[91] Acemoglu D. Labor and capital augmenting technical change [J]. Journal of the European Economic Association, 2003, 1 (1): 1-37.

[92] Ahmad S. On the theory of induced invention [J]. Economic Journal, 1966, 76 (302): 344-357.

[93] Allen R. Global economic history: A very short introduction [M]. Oxford: Oxford University Press, 2011. and Statistics. 1965, 47 (4): 343-356.

[94] Amos O M. Unbalanced regional growth and regional income inequality in the latter stages of development [J]. Regional Science & Urban Economics, 1988, 18 (4): 549-566.

[95] Antonelli C, Quatraro F. The effects of biased technological change on total factor productivity: Empirical evidence from a sample of OECD countries [J]. Journal of Technology Transfer, 2010, 35 (4):

361 – 383.

[96] Arrow K J, Chenery H B, Minhas B S et al. Capital-labor substitution and economic efficiency [J]. Review of Economics & Statistics, 1961, 43 (3): 225 – 250.

[97] Bai C E, Hsieh C T, Qian Y. The return to capital in China author [J]. Brookings Papers on Economic Activity. 2006 (2): 61 – 88.

[98] Binswanger H P. A Microeconomic approach to induced innovation [J]. The Economic Journal, 1974, 84 (336): 940 – 958.

[99] Binswanger H P. The microeconomics of induced technical changes [A]. Baltimore: The Johns Hokins University Press, 1978: 91 – 127.

[100] Celikkol P, Stefanou S E. Measuring the impact of price-induced innovation on technological progress: Application to the US food processing and distribution sector [J]. Journal of Productivity Analysis, 1999, 12 (2): 135 – 151.

[101] Chirinko R S, Fazzari S M, Meyer A P. That elusive elasticity: A long-panel approach to estimating the capital-labor substitution elasticity [J]. Social Science Electronic Publishing, 2004 (7).

[102] Chirinko R S. σ—The Long and short of it [J]. Journal of Macroeconomics. 2008, 30 (2): 671 – 686.

[103] Daniels G E. Growth and convergence with a normalized CES production function and human capital [R]. Electronic Theses & Dissertations, 2013 (6).

[104] De La Grandville O. Curvature and the elasticity of substitution: Straightening it out [J]. Journal of Economics, 1997, 66 (1): 23 – 34.

[105] De La Grandville O. Inquest of the slutsky diamond [J]. American Economic Review, 1989, 79 (3): 468 – 481.

[106] De La Grandville R K A O. Economic growth and the elasticity of substitution – two theorems and some suggestions [J]. The American Economic Review, 2000, 90 (1): 282 –291.

[107] Dollar D, Wei S. Firm ownership and investment efficiency in China [R]. NBER Working Papers, 2007.

[108] Fare R, Grosskopf S, Lovell C A K. Biased technical change and the Malmquist productivity index [J]. Scandinavian Journal of Economics, 1997, 99 (1): 119 –127.

[109] Farrell M J. The measurement of productive efficiency [J]. Journal of the Royal Statistical Society, 1957, 120 (3): 253 –290.

[110] Fellner W. Two propositions in the theory of induced innovations [J]. The Economic Journal. 1961, 71 (282): 305 –308.

[111] Frederick W B. The role of capital-labor substitution in the economic adjustment of an industry across regions [J]. Southern Economic Journal, 1964, 31 (2): 123 –131.

[112] Freeman R B, Medoff J L. Substitution between production labor and other inputs in unionzed and nonunionized manufacturing [J]. Review of Economics & Statistics, 1982, 64 (2): 220 –233.

[113] Fujita M, Hu D. Regional disparity in China 1985 – 1994: The effects of globalization and economic liberalization [J]. Annals of Regional Science, 2001, 35 (1): 3 –37.

[114] Grandville O D L. In request of the slutsky diamond [J]. American Economic Review, 1989, 79 (3): 468 –481.

[115] Griliches Z. Hybrid corn: An explanation in the economics of technological change [J]. Econometric, 1957, 25 (4): 501 –522.

[116] Hall Robert, Jones Charles. Why do some countries produce so much more output per worker than others? [J]. The Quarterly Journal of Economics, 1999, 1 (114): 83 –115.

[117] Hayami Y, Ruttan V W. Factor prices and technical change in agricultural development: The United States and Japan, 1880 – 1960 [J]. The Journal of Political Economy, 1970, 78 (5): 1115 – 1141.

[118] Hicks J R. The theory of wages [M]. New York: Macmillan Publishing Company, 1935.

[119] Hsieh C T, Klenow P J. Misallocation and manufacturing TFP in China and India [J]. Mpra Paper, 2009, 124 (4): 1403 – 1448.

[120] Irmen A, Klump R. Factorsubstitution, income distribution and growth in a Generalized Neoclassical Model [J]. German Economic Review, 2009, 10 (4): 464 – 479.

[121] Jiang Li, Kenneth G S. Factor substitution, factor-augmenting technical progress, and trending factor shares: the Canadian evidence [J]. Econometrics Working Papers, 2014 (10).

[122] Jones C I. The Shape of production functions and the direction of technical change [J]. Quarterly Journal of Economics, 2005, 120 (2): 517 – 549.

[123] Jones C I. Misallocation, Economic growth, and Input-Output economics [R]. NBER Working Papers, 2011.

[124] Joseph S. On estimating the time structure of capital-labor substitution in the manufacturing sector: A model applied to 1949 – 72 Canadian data [J]. Southern Economic Journal, 1978, 44 (4): 740 – 751.

[125] Kalt J P. Technological change and factor substitution in the United States: 1929 – 1967 [J]. International Economic Review, 1978, 19 (3): 761 – 775.

[126] Kaz Miyagiwa C P. Elasticity of substitution and growth: Normalized CES in the diamond model [J]. Economic Theory, 2003, 21 (1): 155 – 165.

[127] Kazi U A. The Variable elasticity of substitution production

function: A case study for Indian manufacturing industries [J]. Oxford Economic Papers, 1980, 32 (1): 163 – 175.

[128] Kennedy C. Induced bias in innovation and the theory of distribution [J]. Economic Journal, 1964, 74 (295): 541 – 547.

[129] Klump R, Mcadam P, Willman A. The normalized CES production function: Theory and Empirics [J]. Journal of Economic Surveys. 2012, 26 (5): 769 – 799.

[130] Klump R, Preissler H. CES production functions and economic growth [J]. Scandinavian Journal of Economics, 2000, 102 (1): 41 – 56.

[131] Kmenta J. On estimation of the CES production function [J]. International Economic Review, 1967, 8 (2): 180 – 189.

[132] KyHyang Yuhn. Growth and distribution: A test of the induced innovation hypothesis for the Korean economy [J]. Applied Economics, 1991, 23 (3): 543 – 552.

[133] León-Ledesma M A, McAdam P, Willman A. Identifying the elasticity of substitution with biased technical change [J]. American Economic Review, 2010, 100 (4): 1330 – 1357.

[134] Lin J Y. Public research resource allocation in chinese agriculture: A test of induced technological innovation hypotheses [J]. Economic Development and Cultural Change, 1991, 40 (1): 55 – 73.

[135] Liu Y, Shumway C R. Induced innovation in U. S. agriculture: Time-series, direct econometric, and nonparametric tests [J]. American Journal of Agricultural Economics, 2009, 91 (1): 224 – 236.

[136] Mäler K, Bo Södersten. Factor-biased technical progress and the elasticity of substitution [J]. Swedish Journal of Economics, 1967, 69 (2): 155 – 160.

[137] Mcadam P, Willman A. Medium run redux: Technical change, factor shares and frictions in the euro area [J]. Macroeconomic Dynamics,

2008, 35 (23): 7959 – 7977.

[138] Nordhaus W D. Some skeptical thoughts on the theory of induced innovation [J]. Quarterly Journal of Economics, 1973, 87 (5): 208 – 219.

[139] Olivier De La Grandville K A R. Economic growth and the elasticity of substitution-two theorems and some suggestions [J]. The American Economic Review, 2000, 90 (1): 282 – 291.

[140] Olmstead A L, Rhode P. Induced innovation in American agriculture: A reconsideration [J]. Journal of Political Economy, 1993, 101 (1): 100 – 118.

[141] Ouyang X, Dai Y. Empirical research on interaction between logistics industry, domestic trade, and foreign trade in the Chinese context [C]. International Conference of Logistics Engineering and Management. 2010: 364 – 371.

[142] Palivos T, Karagiannis G. Theelasticity of substitude as the engine of the ecomonic growth [J]. Macroeconomic Dynamics, 2010, 14 (5): 617 – 628.

[143] Ramanathan R. The elasticity of substitution and the speed of convergence in Growth Models [J]. 1975, 85 (339): 612 – 613.

[144] Romalis J. Factor proportions and the structure of commodity trade [J]. American Economic Review, 2004, 94 (1): 67 – 97.

[145] Sala-i-Martin X. The classical approach to convergence analysis [J]. The Economy Journal, 1996, 106 (437): 1019 – 1036.

[146] Samuelson P. A theory of induced innovation along Kennedy-Weisacker Lines [J]. Review of Economics and Statistics, 1965, 11 (47): 343 – 356.

[147] Scherer F M. Demand pull and technological invention: Schmookler revisited [J]. Journal of Industrial Economics, 1982, 30

(3): 225 - 238.

[148] Schmookler J. Invention and economic growth [M]. Cambridge: Harvard University Press, 1966.

[149] Shumway C R. Geographic aggregation and induced innovation in American agriculture [J]. Applied Economics, 2006, 38 (6): 671 - 682.

[150] Slater W E G. Productivity and technical change [M]. Cambridge: Cambridge University Press, 1960.

[151] Thirtle C G, Schimmelpfennig D E, Townsend R E. Induced innovation in United States agriculture, 1880 - 1990: Time series tests and an error correction model [J]. American Journal of Agricultural Economics, 2002, 84 (3): 598 - 614.

[152] Thomas S. Factor demand and substitution in a developing country: Energy use in Mexican manufacturing [J]. Scandinavian Journal of Economics, 1989, 91 (4): 723 - 739.

[153] Turnovsky S J. Intertemporal and intratemporal substitution, and the speed of convergence in the neoclassical growthmodel [J]. Journal of Economic Dynamics & Control, 2002, 26 (9 - 10): 1765 - 1785.

[154] Weber W L, Domazlicky B R. Total factor productivity growth in manufacturing: A regional approach using linear programming [J]. Regional Science & Urban Economics, 1999, 29 (1): 105 - 122.

[155] Young A T. Elasticities of substitution and factor augmentation at the industry level [J]. Macroeconomic Dynamics, 2013, 17 (4): 861 - 897.

[156] Yuhn K H. Economic growth, technical change biases, and the elasticity of substitution: A test of the De La Grandville Hypothesis [J]. Review of Economics & Statistics, 1991, 73 (2): 340 - 346.